ulmer

Annabelle Cummerow
Glenn Miotke

GROW YOUR JUNGLE

INHALT

Du findest im Buch immer wieder QR-Codes, hinter denen sich weiterführende Tipps und Videoanleitungen verstecken!

KURZ ERKLÄRT: DIE ANGABEN IN DEN PORTRÄTS

Standort

schattig
Keine Sonnenstrahlen fallen auf deine Pflanze. In der freien Natur wäre das zum Beispiel ein Standort am Waldboden.

halbschattig
Für wenige Stunden am Tag fallen Sonnenstrahlen auf deine Pflanze. Solche Standorte sind häufig im Schutz anderer Pflanzen zu finden, welche nur wenig Sonne durchlassen.

sonnig
Den ganzen Tag oder mindestens 4–6 Stunden fallen Sonnenstrahlen auf deine Pflanze. An einem solchen Standort wird die Pflanze nicht durch andere Pflanzen beschattet.

Alle Standorte beziehen sich auf eine Entfernung von höchstens 3 bis 5 m zum Fenster. Ausgeschlossen sind Räume ohne Fenster oder ohne Pflanzenlampen.

Gießen

Das Substrat sollte zwischen den Wassergaben abtrocknen.

Die Pflanze benötigt ein feuchtes Substrat, das jedoch nicht nass ist. Sollte das Substrat aus Versehen doch mal austrocknen, steckt die Pflanze das gut weg.

Das Substrat dieser Pflanze sollte nie austrocknen.

Warnung

Pflanze ist giftig

Erfolgschance
Gibt die Anzahl der Stecklinge in Prozent an, die erfolgreich bewurzelt wurden (10 Stecklinge wurden verwendet).

Dauer bis zur Bewurzelung
So lange dauert es, bis dein Ableger ausreichend lange Wurzeln gebildet hat, um in einen eigenen Topf gesetzt zu werden oder bis der Topf vollständig durchwurzelt ist.

Botanischer Garten Berlin

Hi, wir sind Annabelle und Glenn. Schön, dass du dieses Buch gerade in deinen Händen hältst und diese Zeilen liest.

Wir leben beide mit sehr vielen Pflanzen zusammen, denn Pflanzen begeistern uns jedes Mal aufs Neue. Als wir das letzte Mal gezählt haben, waren es bei Annabelle knapp 80 Pflanzen. In den vergangenen Jahren haben sich bei Glenn zwischenzeitlich sogar fast 800 angesammelt, mittlerweile hat es sich jedoch bei etwa 250 eingependelt. Durch die vielen Pflanzen haben wir unglaublich schnell viel über Pflanzenpflege und Vermehrung gelernt, da wir alles Mögliche ausprobiert haben. Eine so große Anzahl an Pflanzen stellt einen natürlich manchmal vor Herausforderungen und da unsere Pflanzenliebe schon (fast) unser ganzes Leben besteht, haben wir selbst auch schon alle erdenklichen Fehler bei der Vermehrung und Pflege unserer Pflanzen gemacht. Und deswegen geben wir dir in diesem Buch unsere besten Tipps und Tricks weiter, die uns die Vermehrung und Pflege unserer Pflanzen enorm erleichtert haben.
In diesem Buch zeigen wir dir am Beispiel von 20 verschiedenen Pflanzen unterschiedliche Möglichkeiten, wie du deine Pflanze ganz einfach vermehren kannst. Wir führen dich Schritt für Schritt mit Text und Bild durch die unterschiedlichsten

Vermehrungsmethoden. Wenn mehrere Methoden bei einer Pflanze möglich wären, demonstrieren wir dir stets die Methode, mit der wir bisher am schnellsten die besten Erfolge erzielen konnten.
Als Beispielpflanzen haben wir solche ausgewählt, die wir besonders aufregend finden, und die im Handel einfach zu finden sind, um dir zu zeigen, wie vielfältig das Pflanzenhobby sein kann. Die Vermehrungsmethode klappt dabei unabhängig von der gewählten Zuchtform, an welcher wir mit dir die einzelnen Schritte durchgehen. Das heißt für dich, falls du zum Beispiel einen grünblättrigen Gummibaum (*Ficus elastica*) hast, kannst du diesen genauso wie wir unseren panaschierten *Ficus elastica* 'Tineke' in diesem Buch vermehren.

Was erwartet dich in diesem Buch?

Zu Beginn führen wir dich durch die Grundlagen der Vermehrung, damit du das Wichtigste kennst und mit den Begriffen etwas anzufangen weißt, die später im Buch auftauchen werden.
Das Buch ist in drei Kapitel aufgeteilt: Pflanzen, die sich fast von selbst vermehren, Pflanzen, die länger für die Vermehrung brauchen, und Pflanzen, bei denen die Vermehrung etwas aufwendiger ist. Wir nehmen dich bei allem an die Hand und zeigen dir, wie deine Versuche zum Erfolg führen.
Zu jeder Pflanze findest du ein kleines Profil mit spannenden Informationen, damit du die Bedürfnisse deiner Pflanze besser verstehen kannst. Wir listen dir genau auf, welche Utensilien du für die jeweilige Technik brauchst und führen dich dann Schritt für Schritt mit Text und Bild durch die Vermehrung. Im Anschluss erfährst du noch, wie du deinen Steckling pflegst und was es nach der Vermehrung zu beachten gibt. Wir hoffen, dass wir dich ein wenig inspirieren können und du mit den Techniken und Tipps vertraut wirst.
Zwischen den Kapiteln gibt es noch zwei Interviews, in denen du uns ein bisschen besser kennenlernen kannst und mehr über unsere Pflanzenliebe erfährst.
Am Ende des Buchs findest du Antworten auf häufig gestellte Fragen aus der Community, die du dir vielleicht auch schon das ein oder andere Mal beim Vermehren deiner Pflanzen gestellt hast.
Falls du mal mit einem Begriff nichts anfangen kannst, schlägst du einfach im Glossar nach, um eine hinreichende Erklärung zu bekommen.
Dieses Buch ist so aufgebaut, dass du bei jeder Pflanze starten und ganz entspannt zwischen den Pflanzen blättern kannst, die dich interessieren. Du kannst das Buch aber natürlich auch von vorne nach hinten lesen.
Also schnapp dir dein Lieblingsgetränk und los geht's.

Wir wünschen dir viel Spaß beim Lesen und Ausprobieren.
Annabelle & Glenn

Grundlagen der Vermehrung

Gerade wenn es um die Vermehrung von Zimmerpflanzen geht, gibt es viele verschiedene Begriffe. Dieses Kapitel dient unter anderem dazu, die wichtigsten Fachbegriffe zu erläutern, damit wir vom Selben sprechen und es keine Missverständnisse gibt.

Egal ob du noch nicht besonders viele Erfahrungen mit der Vermehrung von Pflanzen hast oder schon super viele Pflanzen erfolgreich vermehren konntest: Wir empfehlen dir, dieses Kapitel zuerst zu lesen, denn die Vermehrungsmethoden in den späteren Kapiteln bauen auf diesen Grundlagen auf. Du kannst aber natürlich jederzeit noch einmal zu diesem Kapitel zurückkehren und dir die einzelnen Grundlagen noch einmal genauer anschauen und verinnerlichen.

DAS RICHTIGE ZUSAMMENSPIEL FINDEN

Damit die Vermehrung von Zimmerpflanzen erfolgreich gelingt, braucht es möglichst ideale Bedingungen. Es geht nicht nur um das richtige Substrat oder den perfekten Standort oder die Topfgröße, vielmehr geht es um die richtige Kombination unterschiedlicher Faktoren, die die Bewurzelung beeinflussen. Wir verraten dir alles, was du wissen musst, um bei dir die idealen Bedingungen für deine Stecklinge zu schaffen, damit die Pflanzenvermehrung auch bei dir ein voller Erfolg wird.

VERMEHRUNGSMETHODEN

Theoretisch gibt es zwei Vermehrungsarten: die **generative** Vermehrung und die **vegetative** Vermehrung. Bei der generativen Vermehrung wird durch Samen das Erbgut zweier Pflanzen neu kombiniert. Bei der vegetativen Vermehrung entsteht beispielsweise durch einen Steckling ein genetisch weitestgehend gleiches Abbild der Mutterpflanze samt ihrer Eigenschaften.
Wir zeigen dir in diesem Buch unterschiedliche vegetative Vermehrungsmethoden, zum Beispiel durch Stecklinge, Teilung, Knollen, Kindel, Absenker, Abmoosen oder – wie wir es gerne nennen – „Abperliten". Aber die jeweilige Vermehrungsmethode klappt nicht bei allen Pflanzen gleich schnell oder gleich gut. Auch kannst du die einzelnen Methoden unterschiedlich ausführen, indem du zum Beispiel einen bestimmten Teil der Pflanze auswählst, Blätter kürzt oder auch Hormone anderer Pflanzen zur Beschleunigung der Bewurzelung nutzt. Es gibt also viele Möglichkeiten eine Pflanze zu vermehren. In diesem Buch erfährst du, welche Methode für die jeweilige Pflanze unserer Erfahrung nach am besten klappt.

Expertentipp von Annabelle:

Wenn du eine Pflanze zum ersten Mal vermehrst, die du nicht in unserem Buch findest, möchten wir dich dazu ermutigen, eine der Vermehrungsmethoden zu testen, welche dir am passendsten erscheint. Ist deine eigene Pflanze in der freien Natur zum Beispiel ein Baum, so könntest du Kopfstecklinge schneiden, wie beim Gummibaum oder der Geigenfeige. Und wenn es nicht sofort klappt: Teste einfach eine andere Methode.

ANZUCHTMEDIUM

Du kannst deine Stecklinge in unterschiedlichen Medien bewurzeln. Wir nutzen Sphagnum-Moos, pures Leitungswasser, Bims oder Perlit. Nachfolgend steht, was du über das jeweilige Medium wissen solltest, bevor du mit der Vermehrung startest.

Sphagnum-Moos

Dieses Moos wird meist getrocknet und gepresst verkauft und muss vor der Erstverwendung in Leitungswasser aufgeweicht werden. Wir vermischen einen Teil befeuchtetes Sphagnum-Moos mit einem Teil Perlit. So bleibt das Moos schön luftig. Das Moos speichert viel Wasser, ist jedoch eine wertvolle Ressource. Verwende es also sparsam und mehrmals. Lasse dein Moos während der Verwendung nicht austrocknen und halte es schön warm, um Fäulnis bei deinen Stecklingen zu vermeiden.

Wasser

Für die Bewurzelung der Stecklinge in Wasser nutzen wir ganz gewöhnliches Leitungswasser und fügen diesem bei Bedarf etwas Wasserstoffperoxid zu, um Algen und Fäulnis vorzubeugen. Eine 3%ige Wasserstoffperoxidlösung mischen wir mit Leitungswasser im Verhältnis 1:20. Sofern das Wasser im Lauf der Bewurzelung noch gut riecht, musst du das Wasser im Gefäß nicht austauschen, sondern du fügst einfach immer wieder neues Leitungswasser hinzu. Wenn es leicht faulig riecht, tauschst du das Wasser komplett aus.

Bims

Bims ist ein poröses vulkanisches Gestein, das zur Auflockerung und Belüftung des Substrats verwendet werden kann (siehe Glossar). Je nach Vermehrungsmethode nehmen wir Bims in unterschiedlichen Korngrößen. **Feiner** Bims hat eine Korngröße von 0 bis 5 mm, **mittelgrober** Bims von 5 bis 8 mm und **grober** Bims von 8 bis 16 mm. Wasche deinen Bims gründlich vor der Benutzung. Dafür weichst du ihn in einer Schüssel mit Leitungswasser für eine Stunde ein und reinigst ihn anschließend unter fließendem Wasser. Hierfür empfiehlt sich ein feines Sieb. Als Alternative zu Bims kannst du auch Lava verwenden.

Perlit

Perlit (siehe Glossar) ist eine Gesteinsstruktur mit großer Oberfläche. Es speichert viel Wasser, aber keine Nährstoffe und eignet sich daher ideal zur Bewurzelung. Perlit ist sehr leicht und wird staubtrocken verkauft. Achte darauf, dass du dein Perlit immer nur befeuchtet verwendest und den Staub nicht einatmest. Wasche es vor der Erstanwendung gründlich. Nach der Nutzung bei der Bewurzelung kannst du das Perlit wiederverwenden und mit Sphagnum-Moos oder mit einer Blumenerde mischen.

WÄRME

Pflanzen bilden bei unterschiedlichen Temperaturen unterschiedlich schnell Wurzeln. Eine ideale Temperatur ist häufig die Temperatur des natürlichen Lebensraums deiner Pflanze und sie ist von Art zu Art verschieden. Da es sich bei vielen Zimmerpflanzen um Pflanzen aus tropischen (warm-feuchten), subtropischen (warm-trockenen) oder sogar Wüstenregionen (heiß-trocken) handelt, reicht oft bereits eine Heizmatte (siehe Seite 11) unter dem Topf deiner Pflanze, um die Bewurzelung zu beschleunigen.

LUFTFEUCHTIGKEIT

Die Luftfeuchtigkeit wirkt sich auf den Wasserverlust bei Pflanzen aus. Eine niedrige Luftfeuchtigkeit bewirkt eine hohe Verdunstungsrate. Eine hohe Luftfeuchtigkeit hingegen verringert den Wasserverlust bei Pflanzen. Hältst du bei der Vermehrung von Pflanzen, die viel Feuchtigkeit mögen, die Luftfeuchtigkeit hoch, so kann sich dein Steckling voll und ganz auf die Bildung neuer Wurzeln konzentrieren. Für die Phase der Wurzelbildung halten wir daher die Luftfeuchtigkeit gern bei 100 %. Am einfachsten erreichst du dies durch eine Vermehrungsbox (siehe Seite 12) oder Tüten. Nachdem sich erste Wurzeln gebildet haben, kannst du beginnen, die Luftfeuchtigkeit zu senken, so dass sich die Pflanze akklimatisieren kann. Dadurch wird sie außerdem angeregt, weitere Wurzeln zu bilden.

ZEITPUNKT DER VERMEHRUNG

Stecklinge, die du über mehrere Wochen oder gar Monate bewurzelst, schneidest du am besten im Frühling. In dieser Zeit sind die Bedingungen häufig ideal. Wenn du deinen Ableger dann fertig bewurzelt in einen neuen Topf setzt, wächst deine Pflanze durch mehr Sonnenlicht im Sommer und Herbst gesünder heran. Vermeide es, Stecklinge, die mehrere Wochen zum Bewurzeln brauchen, im Winter zu schneiden, da die Erfolgschancen durch die weniger idealen Bedingungen sinken. Verwendest du aber Heizmatten und Pflanzenlampen, kannst du ganzjährig Pflanzen vermehren.

AUSWAHL DES STECKLINGS

Zum Vermehren solltest du ausschließlich Pflanzenteile von gesunden und ausreichend mit Nährstoffen versorgten Mutterpflanzen verwenden. Dies erhöht deine Erfolgschancen beträchtlich. Wenn du dir nicht sicher bist, ob deine Mutterpflanze ausreichend versorgt ist, dünge sie mindestens einen Monat vor der Vermehrung.

Ein **Kopfsteckling** ist ein Steckling mit Triebspitze, also meist der obere Teil deiner Pflanze. Dein Steckling kann also einfach nach oben weiterwachsen, ohne erst einen Neuaustrieb bilden zu müssen. Daher wachsen Kopfstecklinge oft schneller als Stammstecklinge. Beim Kopfsteckling sollte der Trieb ausreichend lang sein, damit du bei Fäulnis eingreifen kannst. Wenn du einen Kopfsteckling schneidest, gibt es nur eine Schnittstelle bei deinem Steckling.

Ein **Stammsteckling** ist hingegen ein Steckling aus einem Triebstück und besitzt keine Triebspitze. Ein Stammsteckling muss erst einen Neuaustrieb bilden, um weiterwachsen zu können. Daher brauchen Stammstecklinge meist länger als Kopfstecklinge. Beim Stammsteckling gibt es zwei Schnittstellen, was den

Steckling etwas anfälliger für Fäulnis macht. Dein Triebstück sollte ausreichend lang sein, damit du eventuelle Fäulnis durch Kürzen behandeln kannst, ohne deinen Steckling zu verlieren. Ein Stammsteckling ohne Blätter wird auch *Wetstick* genannt.

Bei **Gehölzen** schneidest du zumeist unverholzte Stecklinge. Triebe verholzen zunehmend im unteren Bereich der Pflanze, das sieht man an der braunen Färbung. Weiter oben sind die Triebe noch unverholzt, was meist an der grünen Färbung zu erkennen ist. In diesem Bereich schneidet man dann die Stecklinge. Du kannst auch verholzte Stecklinge nehmen, die Bewurzelung dauert jedoch meist deutlich länger.

Einige deiner Pflanzen lassen sich auch über **Blattstecklinge** vermehren. Dazu wird ein gesundes Blatt von der Mutterpflanze entfernt. Aus dem Blatt wächst dann eine neue Pflanze. Nicht alle Pflanzen eignen sich für die Vermehrung durch Blattstecklinge, und die Erfolgsrate kann je nach Pflanzenart sehr unterschiedlich sein.

UTENSILIEN

Zur Vermehrung brauchst du ein scharfes Messer, eine scharfe Schere, Papiertücher, ein Wasserglas oder eine Vase, Töpfe, Substrate, eine Umtopfmatte und Zimt. Zur Reinigung der Utensilien verwenden wir Desinfektionsmittel oder reinen Alkohol. Wenn es in deiner Wohnung nicht ausreichend hell ist oder du Pflanzen auch im Winter vermehren möchtest, brauchst du zudem eine Heizmatte und eine Pflanzenlampe.

Wir schneiden Stecklinge mit einem sauberen und scharfen **Messer**, da ein Messer im Vergleich zu einer Schere die Schnittstelle nicht quetscht. Dies beugt Fäulnis vor. Eine **Schere** kommt nur bei sehr dünnen Trieben oder zum Entfernen von Blättern zum Einsatz. Achte auch hier darauf, dass die Schere scharf und sauber ist.

Stecklinge, die wir in Wasser bewurzeln, stellen wir meistens in lichtdurchlässige **Gefäße aus Glas**. Gurken- und Marmeladengläser in unterschiedlichen Größen sind bei uns besonders beliebt. Wenn dein Gefäß lichtdurchlässig ist, hast du deine Stecklinge und sich bildende Wurzeln immer genau im Blick und kannst bei Fäulnis rechtzeitig handeln. Eine Reinigung der Gefäße mit Spülmittel ist ausreichend. Achte aber darauf, dass keine Spülmittelreste mehr im Gefäß vorhanden sind. Die Öffnung darf oben nicht zu eng sein, ansonsten bekommst du deinen Steckling mit den Wurzeln vielleicht nicht mehr aus dem Gefäß heraus.

Das Umtopfen auf einer **Umtopfmatte** finden wir besonders praktisch. Es gibt spezielle Umtopfmatten, die faltbar sind, so dass dein Substrat nicht über den Rand der Matte rieselt und du das Substrat im Anschluss einfach erneut verwenden kannst. Es geht aber auch ein einfaches Tuch als Unterlage.

Eine **Heizmatte** hält das Substrat deiner Stecklinge schön warm und hilft den Stecklingen so bei der Bewurzelung. Unsere Heizmatten hängen an einer Zeitschaltuhr und laufen 14 bis 16 Stunden am Tag. Achte bei der Verwendung einer Heizmatte noch stärker darauf, dass dein Substrat nicht austrocknet.

Gerade in der dunklen Jahreszeit oder bei lichtliebenden Pflanzen bietet sich die Verwendung einer **Pflanzenlampe** an. Wenn dein Zuhause nicht über ausreichend Licht verfügt oder du deine Pflanzen in einer unbeleuchteten Ecke vermehren möchtest, kannst du fehlendes Sonnenlicht mit einer solchen Lampe ausgleichen.

Um Fäulnis vorzubeugen, verwenden wir je nach Vermehrungsmethode **Zimt**, mit dem wir die Schnittstellen behandeln. Auch fügen wir dem Wasser in Bewurzelungsgefäßen **Wasserstoffperoxid** hinzu oder sprühen Pflanzen und Substrate in der Vermehrungsbox damit ein.

TÖPFE

Jeder Topf, in dem eine Pflanze bei uns lebt, hat mindestens ein Loch. So kann überschüssiges Wasser ablaufen. Wenn das Wasser nicht ablaufen kann, steigt das Risiko für Wurzelfäule. Du kannst deinen Topf in einen Übertopf (ohne Loch) stellen oder einen Untersetzer verwenden. Für die Anzucht nehmen wir gerne quadratische Töpfe, denn im Vergleich zu einem runden Topf hat ein quadratischer Topf mehr Volumen, deine Pflanze also mehr Platz.
Wir bevorzugen Anzuchttöpfe aus Plastik, weil das Substrat dadurch weniger schnell austrocknet. Auch glasierte Terrakottatöpfe verringern die Wasserverdunstung. Unglasierte Terrakottatöpfe sind porös, wodurch das Substrat besser belüftet, die Wasserverdunstung wird jedoch erhöht. Je nach Pflanze, die du vermehrst, und der gewählten Vermehrungsmethode kann der richtige Topf den Erfolg begünstigen.

SAUBERE UTENSILIEN

Beim Schneiden von Stecklingen versuchen wir unsere Messer und Scheren so sauber wie möglich zu halten. In unserem häuslichen Umfeld würden wir aber nicht von sterilen Bedingungen sprechen. Zunächst befreien wir die Utensilien unter Leitungswasser von groben Verschmutzungen. Im Anschluss verwenden wir reinen Alkohol oder Desinfektionsmittel zum Säubern. Vor jedem Schnitt reinigen wir die Messer und Scheren erneut. So verringern wir die Anzahl möglicher Krankheitserreger und senken das Fäulnisrisiko.

VERMEHRUNGSBOX

Für viele Projekte eignet sich unsere heißgeliebte Vermehrungsbox. Dabei handelt es sich um eine lichtdurchlässige Box aus Kunststoff mit Deckel, die auf einer Heizmatte platziert ist. In der Box stehen die Stecklinge in ihren einzelnen Anzuchttöpfen.
Diese Box schützt deinen Steckling nicht nur beim Bewurzeln, sondern schafft auch ideale gleichbleibende Bedingungen. Der geschlossene Deckel erhöht die Luftfeuchtigkeit in der Box und senkt somit den Wasserverlust der Pflanze. Der Boden deiner Box ist ständig bis zu 2 cm hoch mit Leitungswasser gefüllt, was wir gern Wasserlevel oder Wasserstand nennen. Diesen Wasserstand hältst du immer, damit das Substrat nicht austrocknet. Die Heizmatte unter der Box erhöht die Temperatur des Substrates, was das Wurzelwachstum nochmal zusätzlich beschleunigt. Tägliches Lüften sowie wöchentliches Einsprühen der Stecklinge und des Substrates mit Wasserstoffperoxid beugen Fäulnis vor.

Vermehrungsbox

AKKLIMATISIERUNG

Da deine Pflanze in einer Vermehrungsbox einer hohen Luftfeuchtigkeit ausgesetzt ist, musst du sie langsam an die Raumluft gewöhnen, bevor du sie aus der Box nehmen kannst. Dafür lässt du den Deckel deiner Box jeden Tag etwas länger geöffnet. Starte mit 30 Minuten. Wenn deine Pflanze davon unbeeindruckt war, steigerst du die Zeit täglich, bis du den Deckel am Ende ganz abnehmen kannst. Halte auch bei abgenommenem Deckel den Wasserstand in der Box (sofern die Box einen Wasserstand hatte).

Anzuchtkiste

ANZUCHTKISTE

Im Gegensatz zur Vermehrungsbox bleibt die Anzuchtkiste offen. Wenn sie einen hohen Rand hat, muss sie lichtdurchlässig sein. Aber generell kann jede beliebige Kiste verwendet werden. Die Kiste steht ebenfalls auf einer Heizmatte. Diese Kiste eignet sich besonders für trockenheitsliebende Pflanzen wie Sukkulenten und Kakteen. Auch unsere Hoyas vermehren wir in unserer Anzuchtkiste. Als Anzuchtsubstrat verwenden wir **feinen Bims** oder **feine Lava**, mit der wir den Boden der Kiste etwa 5 cm hoch auffüllen (also ohne Töpfe). Das Substrat in der Anzuchtkiste wässerst du alle 2 Wochen, achte jedoch darauf, dass du nach dem Hinzufügen neuer Stecklinge für mindestens 1 Woche nicht gießt und dass die Stecklinge nicht zu nass werden, damit keine Fäulnis auftritt.

UMGEWÖHNUNG DER STECKLINGE

Von Wasser oder Perlit in Erde

Hebe deine Pflanze vorsichtig aus dem Wassergefäß oder dem Perlit. Setze deine Pflanze in einen Topf mit einem organischen Substrat, wie zum Beispiel einem luftigen Erdmix (siehe Glossar). Du stellst deine umgetopfe Pflanze nun wieder an den Platz zurück, wo sie vorher stand. Die Wurzeln müssen sich noch an den Erdmix gewöhnen. Halte hierfür die Erde für 2 Wochen stets feucht, aber nicht nass. Ein Erdmix ist zu nass, wenn du ihn in die Hand nimmst und er tropft. Nach 2 Wochen kannst du die Pflanze von der Heizmatte nehmen und deinen Erdmix zwischen den Wassergaben ein wenig trocknen lassen.

Von Wasser oder Perlit in Semihydrokultur

Hebe deine Pflanze vorsichtig aus dem Wassergefäß oder dem Perlit. Befülle das Selbstbewässerungssystem mit einem mineralischen Substrat (siehe Glossar) und setze die Pflanze hinein. Da sich die Wurzeln bereits durch das Wasser oder das Perlit an eine feuchte Umgebung gewöhnt haben, kann deine Pflanze ohne Probleme bei maximal mittigem Wasserstandsanzeiger im Selbstbewässerungssystem gehalten werden.

Von Erde in Semihydrokultur

Wasche die Erde unter lauwarmem Leitungswasser von den Wurzeln deiner Pflanze ab. Entferne dabei so viel Erde wie möglich, ohne dabei die Wurzeln zu beschädigen. Du kannst die Erde auch in einer Schale aufweichen. Häufig lässt sie sich dabei einfacher lösen. Geht die Erde leicht ab, setzt du die Pflanze in ein Selbstbewässerungssystem mit mineralischem Substrat (siehe Glossar). Bis dir die Pflanze Wachstumsanzeichen gibt, leerst du das Reservoir nach dem Gießen.
Wenn die Erde nicht von den Wurzeln entfernt werden kann, kannst du die Pflanze alternativ für 1 bis 2 Wochen in Perlit setzen. Nach dieser Zeit holst du sie aus dem Perlit, wäschst die Erde erneut ab und wiederholst dies so oft, bis sich keine Erde mehr an den Wurzeln befindet. Anschließend kannst du die Pflanze in ein Selbstbewässerungssystem setzen, wie im Schritt zuvor beschrieben („Von Wasser oder Perlit in Semihydrokultur“).

GEDULD

Das Vermehren von Pflanzen braucht Zeit und jede Pflanze reagiert unterschiedlich. Nur weil du nach wenigen Tagen oder Wochen noch keine Erfolge sehen kannst, heißt das nicht, dass die Pflanzenvermehrung nicht geklappt hat. Die Bedingungen in deinem Zuhause beeinflussen die Dauer und den Erfolg der Vermehrung und indem du Geduld für deine Pflanze aufbringst, kann sie sich nach ihren Möglichkeiten entfalten. Auch kann es sein, dass bestimmte Vermehrungsmethoden unter deinen Voraussetzungen etwas schlechter oder auch besser funktionieren. Sofern dein Steckling gesund ist, warte ab und ändere die Bedingungen erst einmal nicht.

FÜR UNGEDULDIGE

Bei diesen Pflanzen wirst du innerhalb kürzester Zeit bei annähernd jedem Versuch einen vollständig bewurzelten Ableger bekommen.

Aloe vera

Echte Aloe

Aloe vera

| | | Kindel

Mit einer *Aloe vera* holst du dir über 6 000 Jahre Geschichte in dein Zuhause. Die *Aloe vera* gehört zur Familie der Affodillgewächse (Asphodelaceae), wird weltweit angebaut und ist Teil einer Milliarden-Industrie, insbesondere in den Bereichen Kosmetik, Lebensmittel und Medizin.
Aufgrund ihrer langen Nutzungsgeschichte wurde die Pflanze weit verbreitet und es ist mittlerweile schwer nachvollziehbar, wo genau sie ursprünglich beheimatet war. Es wird angenommen, dass sie von der Arabischen Halbinsel stammt, einer Region mit geringem Niederschlag (etwa 5 bis 25 Regentage pro Jahr). Die Pflanze ist daher an extreme Trockenheit angepasst. Wenn du deine Aloe das nächste Mal gießen möchtest, denk daran, dass das Innere des Blattes der Pflanze zu 99 % aus Wasser besteht. Wenn du dir das bildlich vorstellst, vermeidest du den häufigsten Pflegefehler: Überwässerung.
Das gespeicherte Wasser in der Pflanze ist als begehrtes *Aloe-vera*-Gel bekannt, das jedoch effektiv von der Pflanze geschützt wird. Sämtliche Pflanzenteile, die das Gel umgeben, sind giftig. Deshalb solltest du niemals auf die Idee kommen, das komplette Blatt der *Aloe vera* zu essen.
Dort wo die Pflanze in ihrer natürlichen Umgebung wächst, ist es sehr sonnig und die Luft ist trocken. Unter solchen Bedingungen kannst du womöglich die aufregenden Blüten der Pflanze bestaunen.

Schnelle Vermehrung durch Kindel

Bei der *Aloe vera* könntest du übrigens auch Kopfstecklinge schneiden. Aber warum soll es aufwendig sein, wenn es auch viel einfacher geht? Entnimm einfach die Kindel der Pflanze!

Expertentipp von Annabelle:

Am einfachsten vermehrst du deine Aloe über Kindel. Dabei handelt es sich um vollständige kleine Pflanzen, die über Ausläufer unterirdisch mit der Mutterpflanze verbunden sind oder direkt an ihr entstehen können. Diese kleinen Pflanzen sind genetisch größtenteils identisch mit der Mutterpflanze. In der Natur würde sich diese Verbindung irgendwann lösen. Das kannst du beschleunigen und die Kindel zur Vermehrung abnehmen.

DU BRAUCHST

- kleinen Terrakottatopf
- feinen Bims
- Pflanzenlampe (optional)
- Heizmatte

Vermehrungsdauer: 4 bis 6 Wochen
Erfolgsquote: 100 %

SO VERMEHRST DU DIE PFLANZE

Vermehrung durch Kindel

Schritt 1

Auf Kindelsuche gehen

Meist wird eine *Aloe vera* schon mit Kindeln im Topf verkauft. Hast du nur eine einzelne Pflanze in deinem Topf, bilden sich bei guten Bedingungen Kindel schon nach wenigen Monaten. Dies sind kleine Pflanzen, die oft nur wenige Zentimeter von der Mutterpflanze entfernt wachsen. Sobald sie ausreichend groß geworden sind, kannst du sie ganz einfach entnehmen. Hol deine Pflanze dafür am besten aus ihrem Topf und und entferne etwas vom Substrat. Dann kannst du die Verbindung zur Mutterpflanze kappen, indem du die Kindel sanft abbrichst. Häufig ist die Verbindung jedoch auch schon vor Entnahme der Kindel gelöst.

Schritt 2

Anzuchtsubstrat wählen

Bereite deinen Terrakottatopf vor, indem du das Loch des Topfes mit einem Stein oder einer Tonscherbe bedeckst und den Topf mit einem durchlässigen Anzuchtsubstrat befüllst. Als Anzuchtsubstrat empfehlen wir drei verschiedene Substrate: feinen Bims, feine Lava oder einem Mix aus einer Erde für Sukkulenten und Kakteen, die du mit mittelgrobem Bims im Verhältnis 1:1 mischst, damit sie weniger Wasser speichert. Und schon kann der Ableger in einen kleinen Topf umziehen. Wähle die Topfgröße kleinstmöglich. Das Kindel sollte aber ausreichend Halt im Topf finden können.

Schritt 3

Auf Wurzeln warten

In diesen kleinen Töpfen können sich die neuen Ableger ideal entwickeln. Jetzt heißt es nur noch warten, bis die Kindel ausreichend Wurzeln gebildet haben. Das kannst du beschleunigen, indem du den Topf mit deiner Pflanze auf eine Heizmatte und unter eine Pflanzenlampe stellst. Alternativ eignet sich auch ein sonniger Standort.

Expertentipp von Glenn:

Sollte deine Pflanze ausgeprägte Wurzelfäule entwickeln, kannst du sogar große Pflanzen retten, indem du die befallenen Wurzeln großzügig abschneidest und dann bei Schritt 2 startest. Selbst Pflanzen, die keine Wurzeln mehr haben, können so innerhalb weniger Monate wieder bewurzelt werden.

Video zur Vermehrung →

Was passiert nach der Vermehrung?

DER RICHTIGE TOPF

Die Wurzeln deiner Pflanze werden maximal etwa 30 cm lang. Daher kannst du dein bewurzeltes Kindel theoretisch einfach direkt in einen Topf mit einem maximalen Durchmesser und einer Tiefe von 30 cm setzen. Einen größeren Topf benötigt deine Pflanze nicht. Du kannst den Topf jedoch auch mit der Größe deiner Pflanze „mitwachsen" lassen, bis der Topf die empfohlene maximale Größe erreicht hat. Achte auf ein durchlässiges Topfmaterial wie unglasierten Ton, damit das Substrat der Pflanze zusätzlich belüftet wird. Zudem ist ein Terrakottatopf ausreichend schwer und bietet deiner Pflanze Halt, da eine *Aloe vera* sehr schnell an Gewicht zulegt und bei einem zu leichten Topf leicht umfallen kann. Wir pflegen unsere *Aloe vera* in unserem Substrat für Sukkulenten und Kakteen (siehe Glossar).

Vermeide Blumenerde

Halte deine *Aloe vera* auf keinen Fall in handelsüblicher Blumenerde, auch wenn sie häufig so verkauft wird, denn diese speichert zu viel Wasser. Erhält deine Pflanze weniger Licht, solltest du zusätzlich sparsamer gießen und auf jeden Fall ein durchlässiges Substrat wählen.

DER RICHTIGE STANDORT

Dort wo die *Aloe vera* täglich ein langes Sonnenbad genießen kann, wächst sie besonders gut. Wenn du sie ausreichend sonnig platzierst, kann sie sogar aufregende Blüten bilden. Luftfeuchtigkeit mag sie jedoch gar nicht, weswegen du eine Luftfeuchtigkeit von über 40 % vermeiden solltest.

Expertentipp von Annabelle:

Wenn du einen Balkon oder Garten hast, kannst du deine Pflanze im Sommer auch hinausstellen. Gewöhne sie entsprechend langsam an die Sonne und gib ihr etwa 2 Wochen, bis sie sich an die direkte Sonne auf dem Balkon oder im Garten gewöhnt hat, um Verbrennungen an den Blättern zu vermeiden.

Noch mehr Pflegetipps:

GIEßEN UND DÜNGEN

Eine *Aloe vera* braucht sehr wenig Wasser. Es reicht vollkommen, wenn du deine Pflanze im Sommer ein Mal pro Monat und im Winter maximal alle zwei Monate gießt. Kleinere Pflanzen brauchen allerdings häufigere Wassergaben. Wir verwenden bei jedem Gießen ein Viertel der empfohlenen Düngermenge eines Sukkulenten- und Kakteendüngers. Sollten die Blätter deiner Pflanze trotz dieser Gießroutine hängen, könntest du deine Pflanze auch zusätzlich gießen. Meist hat sie jedoch ausreichend Wasser und zeigt dir mit hängenden Blättern eher, dass sie an Wurzelfäule leidet, wodurch nicht ausreichend Wasser in die Blätter aufgenommen werden kann. Hole die Pflanze dann aus ihrem Topf, entferne beschädigte Wurzeln großzügig und setz deine Pflanze in ein durchlässigeres Substrat, zum Beispiel das Substrat für Sukkulenten und Kakteen (siehe Glossar).

SCHÄDLINGE BEI DER *ALOE VERA*

Bei ungünstigen Bedingungen gilt die Aloe als anfällig für Wollläuse. Unsere Pflanzen waren bisher bei guter Pflege zum Glück schädlingsfrei. Einen geringen Befall mit Wollläusen entfernst du am einfachsten mit einem Wattestäbchen, welches du zuvor mit reinem Alkohol getränkt hast. Wechsle dabei oft genug das Wattestäbchen und tränke jedes neue Wattestäbchen mit ausreichend reinem Alkohol, um nicht aus Versehen die Wollläuse an deiner gesamten Pflanze zu verteilen.

Expertentipp von Glenn:

Füge einer *Aloe vera* pro 30-cm-Topf 150 g Kompost hinzu. Die Biomasse, also die Gesamtheit der Pflanzenmasse und auch die Anzahl der Kindel, die deine Pflanze bildet, werden dadurch erhöht.

Funktioniert auch bei: *Agave americana* | *Haworthiopsis attenuata* | *Tulista pumila* | *Chlorophytum comosum* | *Pilea peperomioides*

Philodendron 'Paraiso Verde'

Baumfreund (kletternde Art)

Philodendron 'Paraiso Verde'

| Kopfstecklinge

Der *Philodendron* 'Paraiso Verde' macht seinem Namen alle Ehre. Die Bezeichnung 'Paraiso Verde' bedeutet „grünes Paradies", was sich auf die aufregende gesprenkelte Blattfärbung bezieht, die die Pflanze bei den richtigen Licht- und Temperaturbedingungen präsentiert.

Der *Philodendron* 'Paraiso Verde' ist ein Aronstabgewächs (Araceae), entstammt den tropischen Regenwäldern Französisch-Guyanas und lebt in seiner natürlichen Umgebung als Hemiepiphyt. Das heißt, die Pflanze beginnt ihr Leben in den Kronen anderer Bäume, wo ihre Luftwurzeln ihr Halt gewähren und sie mit Wasser und Nährstoffen versorgen, bis die Luftwurzeln irgendwann den Waldboden erreichen.

Beim *Philodendron* 'Paraiso Verde' handelt es sich um eine Kletterpflanze. In ihrer natürlichen Umgebung wachsen kletternde Arten der Gattung *Philodendron* entlang anderer Bäume in Richtung des Lichtes. Die Blätter erreichen problemlos eine Länge von mindestens 50 cm, weshalb du deiner Pflanze unbedingt ausreichend Platz einräumen solltest.

Die schönste Zeichnung der Blätter kannst du unter gewächshausähnlichen Bedingungen, wie zum Beispiel in einem Pflanzenzelt oder einer Pflanzenvitrine, erzielen. Bei einmal ergrünten Blättern wird sich die Färbung leider nicht mehr ändern. Sobald du aber die seitens der Pflanze geforderten Bedingungen angepasst hast, werden sich neue Blätter mit schöner Blattzeichnung entwickeln. Sollte deine Pflanze dennoch einmal ergrünt sein, nutze diese ideale Gelegenheit, um aus den grünen Trieben Stecklinge zu schneiden.

Grüne Blätter?

Deine Pflanze bekommt auf einmal nur noch grüne Blätter? Damit signalisiert sie dir, dass sie mehr Licht und eine höhere Umgebungstemperatur benötigt.

Expertentipp von Annabelle:

Wächst deine Pflanze an einem befüllbaren Rankstab, in den bereits Luftwurzeln hineingewachsen sind, kannst du deine Pflanze auch durch Teilung vermehren. Halbiere sie in der Mitte des Rankstabes und setze den oberen Teil der Pflanze samt Rankstab in einen eigenen Topf.

DU BRAUCHST

- Messer
- Anzuchttopf
- mittelgroben Bims
- Zimt
- Vermehrungsbox

Vermehrungsdauer: 7 bis 10 Wochen
Erfolgsquote: 100 %

SO VERMEHRST DU DIE PFLANZE

Vermehrung durch Kopfsteckling

Schritt 1

Steckling schneiden

Deine Pflanze sollte mindestens 4 Blätter haben, damit du sie vermehren kannst. Ein idealer Steckling hat zwei Knoten und ist mindestens 5 cm lang. Schneide deinen Steckling zwischen zwei Knoten und behandle beide Schnittstellen mit Zimt. Wenn deine Mutterpflanze weitere Knoten hat, kannst du auch noch mehr Stecklinge schneiden.

Schritt 2

Blätter entfernen

Bei Stecklingen mit einem Triebdurchmesser von weniger als 2 cm reicht es, die Schnittstelle für 10 Minuten antrocknen zu lassen. Ab einem Durchmesser von 2 cm sind 20 Minuten ideal. Sind die Blätter kürzer als 25 cm, kannst du alle Blätter an deinem Steckling belassen. Sind die Blätter länger, belässt du ausschließlich das oberste, neueste Blatt an deinem Steckling und entfernst die restlichen Blätter.

Schritt 3

Ableger eintopfen

Befülle deinen Anzuchttopf bis zu einer Höhe von 1,5 cm mit gewaschenem Bims. Bis auf dieses Niveau wird die Vermehrungsbox später mit Leitungswasser befüllt. Setze nun deinen Ableger in den Topf und fülle den Rest des Topfes mit Bims auf. Je nach Größe des Ablegers wählst du Anzuchttöpfe mit einem Durchmesser von 9 bis 15 cm. Der Anzuchttopf sollte allerdings so klein wie möglich gewählt werden, damit der Topf möglichst schnell vollständig bewurzelt ist und die Pflanze Halt findet. Damit ein Steckling mit großen Blättern nicht umfällt, kannst du ihn mit einem Stab im Topf stabilisieren. Befülle deine Vermehrungsbox anschließend entsprechend mit Leitungswasser.

Schritt 4

Bedingungen verbessern

Da dein *Philodendron* 'Paraiso Verde' nur unter idealen, gewächshausähnlichen Bedingungen seine Blattzeichnung zeigt, empfehlen wir dir, dass du den Ableger unter solchen Bedingungen vermehrst. Stelle die Box also in eine Vitrine oder ein Pflanzenzelt, dort sind Temperatur und Luftfeuchtigkeit fast immer höher, weshalb die Vermehrungsbox nicht geschlossen werden muss und eine Heizmatte nicht notwendig ist. Denke an das regelmäßige Auffüllen des Wassers in der Box, damit dein Ableger nicht austrocknet. Dein Ableger hat ausreichend Wurzeln, wenn er fest im Topf sitzt und sich nicht bewegen lässt. Dies ist bei kleinstmöglich gewählten Töpfen meist nach 2 Monaten der Fall.

Video zur Vermehrung →

Was passiert nach der Vermehrung?

DAS RICHTIGE SUBSTRAT WÄHLEN

Sobald dein Ableger vollständig bewurzelt ist, kannst du ihn umtopfen. Als Substrat empfehlen wir dir entweder eine grobe organische Mischung aus Pinienrinde, Kokosfaser, Perlit, Bims und Kompost (siehe luftiger Erdmix, Glossar) oder ein grobes mineralisches Substrat aus Lava, Bims und Zeolith. Die Wurzeln eines *Philodendron* 'Paraiso Verde' mögen keine dauerhaft feuchte Erde, wie es zum Beispiel bei handelsüblichen Blumenerden der Fall ist. Auch zu feine Erden begünstigen Wurzelfäule. Es gilt also das Prinzip: Je luftiger das Substrat, desto gesünder entwickelt sich deine Pflanze. Wähle das Material des Topfes und dein Substrat so, dass deine Pflanze etwa ein Mal pro Woche gegossen werden muss. Ein Substrat, welches 2 Wochen nach dem Gießen noch feucht ist, sollte entweder luftiger gemischt werden oder die Pflanze befindet sich im Verhältnis zur Pflanzengröße in einem zu großen Topf.

Schädlingen vorbeugen

Spinnmilben, Thripse, Wollläuse und auch Schildläuse sind möglich. Behandle deine Pflanze daher vorbeugend alle 1 bis 2 Monate mit einem schwach dosierten Neemöl-Emulgator-Wasser-Gemisch (siehe Glossar).

Expertentipp von Annabelle:

Da deine Pflanze unter optimalen Bedingungen sehr schnell sehr große Blätter entwickelt, sollte der Topf deiner Pflanze genügend Stabilität gewährleisten. Gib deiner Pflanze am besten direkt beim Umtopfen einen befüllbaren Rankstab. Dieser unterstützt den natürlichen Wuchs der Pflanze, führt zu besonders großen Blättern und gibt ihr ausreichend Halt.

OPTIMALE STANDORTBEDINGUNGEN

Obwohl häufig beschrieben wird, dass *Philodendron*-Arten keine direkte Sonne vertragen, wächst die Sorte 'Paraiso Verde' bei viel Licht am besten. Auch die wunderschöne Zeichnung der Blätter entwickelt sich bei ausreichendem Licht und einer konstanten Temperatur zwischen 25 und 30 °C am schönsten.

GIEẞEN UND DÜNGEN

Lass das Substrat deiner Pflanze niemals austrocknen, halte es jedoch nicht nass. Starte bei der Nährstoffversorgung deiner Pflanze mit der Hälfte der empfohlenen Düngermenge und teile diese auf deine Gießhäufigkeit auf (siehe Seite 154). Richte die weiteren Düngergaben anschließend nach dem Wachstum deiner Pflanze. Wächst sie besonders schnell, was unter idealen Bedingungen der Fall ist, kannst du damit beginnen, deiner Pflanze mehr Dünger zu geben.

Luftwurzeln kontrollieren

Achte auf die Luftwurzeln des *Philodendron* 'Paraiso Verde'. Diese wachsen nicht nur schnell, sondern auch in die Töpfe anderer Pflanzen hinein und können dann das Wachstum benachbarter Pflanzen einschränken. Biege betroffene Luftwurzeln vorsichtig von den Töpfen anderer Pflanzen weg oder kürze sie entsprechend ein.

Expertentipp von Glenn:

Halte Pflanzen, deren Blätter von Natur aus eine Umgebung mit hoher Luftfeuchtigkeit mögen, wie diese hier, in einem Pflanzenzelt oder einer Vitrine. Versuche aber, Schwankungen unbedingt zu vermeiden, denn die Pflanzen haben sich auf diese Luftfeuchtigkeit eingestellt und Blätter, die sich unter hoher Luftfeuchtigkeit gebildet haben, nehmen Schaden, wenn sich die Luftfeuchtigkeit dauerhaft senkt.

Noch mehr Pflegetipps:

Funktioniert auch bei: *Philodendron* 'Florida Beauty' | *Philodendron* 'El Choco Red' | *Monstera* sp. (= *M. karstenianum*) | *Monstera* 'Esqueleto' | *Ficus elastica*

Philodendron lynamii

Baumfreund (kriechende Art)

Philodendron lynamii

| | | Kopfstecklinge

Der *Philodendron lynamii* ist in unseren Augen eine wirklich sensationelle Pflanze. Sie besticht durch ihre großen, tiefgrünen, herzförmigen Blätter. Die jungen Blätter sind zuerst rosa bis rot, färben sich dann auf der Vorderseite des Blattes grün, während sowohl die Blattrückseite als auch der Blattstiel leuchtenden rot bleiben. In den darauffolgenden Wochen oder auch Monaten färben sich dann das gesamte Blatt und auch der Blattstiel grün, wobei ein kupferfarbener Schimmer übrigbleibt. Dies wiederholt sich bei jedem neuen Blatt. Umso schneller deine Pflanze wächst, desto spektakulärer sieht dies aus. Der Farbkontrast seiner Blätter verleiht dem *Philodendron lynamii* einen fast schon majestätischen Look.
Die Pflanze gehört zu den Aronstabgewächsen (Araceae) und wurde bisher ausschließlich in der Region rund um Tarapoto gefunden, einer Stadt am Fuße der Anden, wo der *Philodendron lynamii* auch noch heute in einer Höhe von über 400 m vorkommt. Dort liegen die Temperaturen zwischen 21 und 33 °C bei ganzjährigem Regenfall. Seinen Namen verdankt der *Philodendron lynamii* dem Pflanzensammler Ralph Lynam.
Das eigentlich Besondere an diesem Philodendron ist, dass er kriechend und sehr langsam wächst. Bis ein neues Blatt sich entfaltet hat und ausgehärtet ist, können manchmal Wochen vergehen. Und so kriecht diese Pflanze ganz gemächlich über den Waldboden und verankert sich dort mit ihren Wurzeln.
Diese Pflanze ist nicht nur schön, sondern auch perfekt geeignet, wenn du dich langsam an einstige Raritäten herantasten möchtest. Die Vermehrung dieses Philodendrons ist besonders leicht, denn er bildet an dem auf dem Boden verlaufenden Trieb Wurzeln.

Eine echte Rarität

Tatsächlich galt der *Philodendron lynamii* früher als echte Rarität und gehörte zu den teuersten Arten der Gattung *Philodendron*. Mittlerweile ist diese Art aber recht einfach zu bekommen.

DU BRAUCHST

- Messer
- Zimt
- Anzuchttopf
- Substrat deiner Wahl (siehe nächste Doppelseite)

Vermehrungsdauer: 20 Minuten
Erfolgsquote: 100 %

SO VERMEHRST DU DIE PFLANZE

Vermehrung durch Kopfsteckling

Schritt 1

Wurzeln freilegen

Deine Pflanze sollte mindestens 3 bis 4 Blätter haben, damit du sie vermehren kannst. Entferne die obere Substratschicht, um das Triebstück vollständig einzusehen und eine etwa 1 cm tiefe Zone der Wurzeln freizulegen. Hierfür eignet sich ein kleiner Löffel oder eine kleine Gabel ideal. Sei dabei sehr behutsam, um keine Wurzeln zu beschädigen. Sammle das Substrat in einem Gefäß wie zum Beispiel einer Schüssel, denn es wird anschließend einfach wieder in den Topf gefüllt.

Schritt 2

Steckling schneiden

Achte bei der Vermehrung darauf, dass dein Kopfsteckling mindestens ein Blatt hat. Du setzt den Schnitt für deinen Steckling zwischen zwei Blattknoten. Sei dabei behutsam, da die Knoten bei vielen kriechenden Philodendren sehr dicht beieinander liegen und du nicht in einen Knoten oder die Wurzeln schneiden solltest. Schneide mit einem scharfen Messer von oben und unten und achte darauf, dass beim Schneiden kein Substrat in die Schnittstelle kommt. Beachte zudem den

Verlauf der Wurzeln, die sich entlang des gesamten Stammes bilden können und navigiere deinen Schnitt so, dass keine Wurzeln beschädigt werden.

Schritt 3

Steckling befreien

Direkt nach dem Schnitt, während beide geteilten Pflanzenteile noch im Topf sind, bestreust du die offenen Schnittstellen mit Zimt. So dringt kein Substrat in die offene Schnittstelle, während du den Ableger aus dem Topf ziehst. Solltest du bei den Wurzeln einen Widerstand spüren, rüttle beim Ziehen leicht am Topf oder trage noch mehr Substrat ab. Dein Ziel ist es, die Wurzeln unbeschadet aus dem Substrat zu bekommen. Lass die Schnittstellen für 10 Minuten trocknen.

Schritt 4

Halt geben

Nun kannst du das Substrat wieder in den Topf der Mutterpflanze füllen. Alle Wurzeln der Mutterpflanze sollten wieder bedeckt sein. Ähnlich wie beim Abmoosen oder Abperliten hast du direkt einen fertig bewurzelten Ableger, welchen du in einen eigenen Topf mit dem Substrat deiner Wahl setzen kannst. Nimm für deine neue Pflanze zunächst einen kleinstmöglichen Topf und setze sie ganz nah an den Topfrand. Für mehr Halt kannst du sie mit Zahnstochern im Topf fixieren, achte dabei auf die Wurzeln der Pflanze. Orientiere dich bei der Größe des Anzuchttopfes an der Größe deiner Pflanze.

Expertentipp von Glenn:

Wenn deine Pflanze bereits über den Topfrand hinauswächst, kannst du auch ein Gefäß mit Wasser oder ein Substrat unter dem überhängenden Teil platzieren. So bildet die Pflanze direkt Wurzeln ins Wasser oder in das Substrat und kann bereits bewurzelt abgeschnitten werden.

Video zur Vermehrung →

Was passiert nach der Vermehrung?

NACH DEM EINTOPFEN

Nach etwa 1 bis 2 Monaten sollte der Topf vollständig bewurzelt sein. Nun kannst du deine Pflanze in einen größeren Topf setzen. Wähle einen Topf, in dem dein kriechender Philodendron mindestens 15 cm in die Länge wachsen kann. Setze den Steckling ganz nah an den Topfrand. So kann deine Pflanze für längere Zeit in dem Topf verbleiben, ohne dass du sie erneut umtopfen musst. Drehe den Topf so, dass der Wuchspunkt in Richtung deines Fensters zeigt und drehe deine Pflanze nicht, um einen möglichst geraden Wuchs des Stammes zu erreichen.

Verschiedene Substrate möglich

Wähle einen luftigen Erdmix (siehe Glossar) als Substrat. Auch mineralische Substrate sind möglich: Unsere Mutterpflanze wächst in einem groben mineralischen Mix, welcher aus Bims, Lava und Zeolith besteht (siehe Glossar).

REGELMÄẞIG UMTOPFEN

Topfe deine Pflanze ausreichend oft um und vermeide, dass deine Pflanze über den Topfrand wächst. Das Gewicht der Pflanze wird den über den Topf hinaus wachsenden Trieb mit der Zeit nach unten ziehen, was es schwieriger gestaltet, deine Pflanze zukünftig wieder ebenerdig in einen Topf zu setzen. Sollte deine Pflanze zu groß werden, nimm einen mindestens 20 cm langen Kopfsteckling und setze deine Pflanze erneut an den Topfrand. Ein ausreichend großer Steckling ist wichtig, damit die Blätter gleichbleibend groß wachsen. Bei zu kleinen Stecklingen können die neuen Blätter deiner Pflanze zunächst kleiner werden. Entweder setzt du den Kopfsteckling zurück in den Topf der Mutterpflanze oder du verschenkst die Mutterpflanze an einen Lieblingsmenschen.

OPTIMALER STANDORT

Ermögliche deiner Pflanze wenige Stunden Sonne am Tag. Vermeide einen Standort ohne Sonne. Je weniger Licht deine Pflanze erhält, desto weniger wächst sie. Und du möchtest doch schließlich, dass deine Pflanze schnellstmöglich wächst, damit du schon bald wieder das atemberaubende Farbenspiel der Pflanze bewundern kannst.

GIEẞEN UND DÜNGEN

Der *Philodendron lynamii* benötigt weniger Wasser als andere vergleichbare Pflanzen, da er langsamer wächst. Dünge deine Pflanze bei jedem Gießen, um eine gleichmäßige Nährstoffversorgung zu gewährleisten.

Unbedeckter Trieb

Bedecke niemals den gesamten Trieb deiner Pflanze mit Substrat. Den Trieb junger Stecklinge kannst du zur Hälfte mit Substrat bedecken, wobei frische Schnittstellen frei von Substrat verbleiben. Deine Pflanze wird dann langfristig auf dem Substrat aufliegend wachsen.

Klebrige Tropfen

Sind dir schon mal diese kleinen klebrigen Tropfen auf der Blattrückseite aufgefallen? Kein Grund zur Sorge, das sind keine Schädlinge, sondern sogenannter extrafloraler Nektar. Dieser schadet deiner Pflanze nicht.

Expertentipp von Annabelle:

Gib deiner Pflanze einen länglichen Topf. Somit vermeidest du unnötiges Substrat, welches von deiner Pflanze nicht genutzt wird und möglicherweise nicht ausreichend schnell trocknet. Doch auch ein runder Topf funktioniert, wenn das Substrat ausreichend durchlässig gemischt wird.

Funktioniert auch bei: *Philodendron gloriosum* | *Philodendron plowmanii* | *Philodendron luxurians* | *Philodendron nangaritense* | *Philodendron pastazanum*

Dracaena fragrans 'Lemon Lime'

Duftender Drachenbaum

Dracaena fragrans

| | | Kopfstecklinge

Diese Pflanze findest du oft noch unter ihrem alten botanischen Namen *Dracaena deremensis*. Der Trivialname Duftender Drachenbaum ist eine Übersetzung des botanischen Namens *Dracaena fragrans*, welcher sich zusammensetzt aus dem griechischen Wort „drakaina" für „weiblicher Drache" und dem Zusatz „fragrans", also „duftend". In ihrer Heimat entwickelt die Pflanze duftende Blüten, bei einer Haltung als Zimmerpflanze werden diese aber leider nur äußerst selten gebildet. Der Drachenbaum gehört zur Familie der Spargelgewächse (Asparagaceae).
Im natürlichen Verbreitungsgebiet kann diese Pflanze bis 15 m hoch werden und bildet dabei einen bis zu 30 cm breiten Stamm. Häufig treiben auch viele einzelne Stämme an der Basis der Pflanze aus, die so den gesamten Stamm deutlich breiter erscheinen lassen können. Die Pflanze wächst in Lebensräumen mit unterschiedlicher Wasserverfügbarkeit.
Die im Handel erhältlichen Pflanzen weichen vom natürlichen Wuchs der Pflanze ab. Damit die Pflanze voller erscheint, wird der Stamm für den Verkauf gekürzt und die Schnittstelle versiegelt. Dadurch erzeugt man eine kleiner anmutende Pflanze, die viele Seitentriebe hat und somit voller erscheint. Dies kannst du dir bei der Vermehrung deiner Pflanze zunutze machen.
Die Zuchtform *Dracaena fragrans* 'Lemon Lime' zeichnet sich durch schwertförmige, spitz zulaufende Blätter aus, die durch ihr lebhaftes Grün mit auffälligen gelb-grünen Streifen der Pflanze ihr charakteristisches Aussehen verleihen. Bei den zahlreichen Zuchtformen ist sicherlich auch eine Blattvariante dabei, die dich begeistert.

DU BRAUCHST

- Messer
- Schere
- Wasserglas oder Vase

Vermehrungsdauer: 6 bis 7 Wochen
Erfolgsquote: 100 %

SO VERMEHRST DU DIE PFLANZE

Vermehrung durch Kopfstecklinge

Schritt 1

Stecklinge schneiden

Möchtest du Stecklinge bei einer jüngeren Pflanze schneiden, kannst du direkt am Stamm einzelne oder auch alle Seitentriebe mit einem Messer entfernen. Ein idealer Steckling ist mindestens 10 cm lang. Die Schnittstellen brauchst du anschließend nicht mit Zimt zu behandeln, da die Stecklinge nicht zu Fäulnis neigen. Ein kurzes Antrocknen für 10 Minuten reicht vollkommen aus.

Schritt 2

Blätter entfernen

Mit einer Schere entfernst du nun von unten beginnend fast alle Blätter. So kann der Ableger Energie und Wasser sparen, so dass sich deine neue Pflanze ganz auf die Wurzelbildung konzentrieren kann. Belasse deinem Ableger maximal 4 bis 6 Blätter.

Schritt 3

Ableger bewurzeln

Stelle deine Ableger so in ein Wassergefäß, dass sie den Boden des Gefäßes nicht berühren. Befülle das Gefäß mit so viel Leitungswasser, dass nur noch die verbliebenen Blätter aus dem Wasser schauen. Wir bevorzugen durchsichtige Behältnisse wie Marmeladengläser oder Vasen, da wir so den Durchblick behalten und sofort erkennen, ob die Pflanze erneut Wasser benötigt. Zudem müssen wir die Pflanzen nicht aus dem Gefäß heben, um eventuelle Fäulnis zu erkennen. Dein Ableger ist ausreichend bewurzelt, sobald die Wurzeln mindestens 5 bis 10 cm lang sind.

Expertentipp von Annabelle:
Gelegentlich verliert die Pflanze das eine oder andere Blatt auf ihrem Weg nach oben. Das ist völlig normal und kein Grund zur Beunruhigung. Werden jedoch mehrere Blätter abgeworfen, kann dies auf einen Pflegefehler hindeuten. Da sich die Vermehrung von Drachenbäumen unkompliziert gestaltet, eignet sich die Pflanze ideal, um erste Erfahrungen in der Pflanzenvermehrung zu sammeln.

Video zur Vermehrung →

Was passiert nach der Vermehrung?

SUBSTRAT UND TOPF WÄHLEN

Deine Drachenbaumstecklinge stellen kaum Anforderungen an das verwendete Substrat und können auch in handelsüblicher Blumenerde problemlos beachtlich an Größe gewinnen. Da dein Drachenbaum im Alter deutlich schwerer wird, solltest du dich rechtzeitig für einen ausreichend großen Topf entscheiden, der deiner Pflanze Halt gibt. Ab einer Höhe von 1 m empfehlen wir einen Topf mit einem Durchmesser von mindestens 30 cm, so dass sich die Wurzeln im Topf ausbreiten können.

Stabilität schaffen

Entscheidest du dich zu spät für einen größeren Topf, kann manchmal schon ein Luftzug reichen, um deine Pflanze zu Fall zu bringen. Das Stützen im Topf kannst du dir durch das rechtzeitige Umtopfen in ein passendes Gefäß und regelmäßiges Drehen der Pflanze sparen.

DER RICHTIGE STANDORT

Möchtest du, dass deine Pflanze besonders schnell wächst, stellst du sie an einen sonnigen Standort und drehst sie einmal im Monat um 90 Grad. Das regelmäßige Drehen sorgt für einen besonders aufrechten, geraden Wuchs des Stammes. Dein Drachenbaum kommt jedoch auch mit jedem anderen Standort in deinem Zuhause zurecht. Manche Zuchtformen des Drachenbaums verlieren jedoch einen Teil der Blattfärbung, wenn sie zu dunkel stehen.

Sollte dir die Pflanze irgendwann zu groß werden, kannst du sie ruhig kürzen. Nimm hierfür ein Messer und schneide den Trieb an der von dir gewünschten Höhe ab. Deine Pflanze wird an der Schnittstelle erneut Seitentriebe bilden.

Den oberen Pflanzenteil kannst du zur Vermehrung nutzen und nach erfolgreicher Bewurzelung in den gleichen Topf setzen, um deine Pflanze dichter erscheinen zu lassen.

Expertentipp von Glenn:

Hast du ein Zuhause mit weniger Licht, entwickelt sich manchmal ein nicht ausreichend stabiler Stamm. Dies kann deine Pflanze dazu bringen, dass sie mit den Jahren umfällt oder umknickt. Kürze deine Pflanze in solch einem Fall. Lieblingsmenschen in deinem Umfeld freuen sich garantiert über den einen oder anderen Steckling, den du beim Kürzen übrig haben wirst.

Noch mehr Pflegetipps:

WURZELFÄULE VERMEIDEN

Bei Standorten mit wenig Sonne solltest du sparsamer gießen und auf eine durchlässige Erde achten, damit deine Pflanze langfristig gesund wächst und keine Wurzelfäule entsteht. Eine fortgeschrittene Wurzelfäule erkennst du daran, dass dein Drachenbaum nicht mehr fest im Topf sitzt und Blätter abwirft. Dann ist schnelles Handeln notwendig. Um Wurzelfäule gar nicht erst entstehen zu lassen, verwenden wir besonders gern einen Erdmix mit größtenteils groben Bestandteilen wie Kokoschips oder Pinienrinde, ein Substrat für Sukkulenten (siehe Glossar) oder auch mineralische Substrate in Selbstbewässerungssystemen (siehe Glossar). Schädlinge befallen deine Pflanze äußerst selten.

Funktioniert auch bei: *Dracaena reflexa* var. *angustifolia* | *Epipremnum aureum* | *Epipremnum pinnatum* | *Syngonium podophyllum* | *Scindapsus treubii*

Chlorophytum comosum 'Vittatum'

Grünlilie

Chlorophytum comosum

☁ | 💧💧 | Kindel

Die Grünlilie ist ein echter Klassiker unter den Zimmerpflanzen. Sie gilt nicht nur als pflegeleicht, sondern als nahezu unverwüstlich. Wahrscheinlich ist sie daher auch oft an weniger guten Standorten wie Büros oder Restaurants zu finden, kann aber auch dein Zuhause verschönern.
Ursprünglich kommt die Grünlilie im Osten und Westen Afrikas sowie in Südafrika vor. Sie wächst dort im Gebüsch, im Unterholz von bewaldeten Flusstälern und in bergigen Regionen und muss teilweise Trockenzeiten überstehen. In einer erstaunlichen Höhe von fast 2 500 m ist sie sogar am Kilimandscharo zu finden. Mithilfe ihrer zahlreichen Kindel breitet sie sich schnell aus und erobert neue Lebensräume. Mittlerweile ist sie daher auch in Australien und in den südöstlichen USA verwildert zu finden.
Anders als der Name es vermuten lässt, zählt die Grünlilie nicht zu den Liliengewächsen, sondern zur Familie der Spargelgewächse (Asparagaceae). Ihr botanischer Name lautet *Chlorophytum comosum*, doch es finden sich neben dem Namen Grünlilie auch zahlreiche umgangssprachliche Bezeichnungen für diese wunderschöne Pflanze. Kein Wunder, denn sie ist bereits seit Anfang des 19. Jahrhunderts bekannt und wurde von den unterschiedlichsten Botanikern beschrieben. Sogar Goethe beschäftigte sich mit der Pflanze einst und machte sich auf die Suche nach dem Namen dieser Schönheit. Aus dem Englischen übersetzt heißt die Pflanze übrigens „Spinnenpflanze“, was sich auf die Form ihrer spinnenähnlichen Kindel bezieht.
Bei der Wildform sind die Blätter grün, bei den Züchtungen kommen aber neben vollständig grünen auch grün-weiße bis hin zu grün-gelb gestreifte Blätter vor. Auch erscheinen immer wieder neue, aufregende Züchtungen.
Das *Chlorophytum* kann das ganze Jahr über ihre weißen Blüten bilden. Diese sitzen an langen Blütenstandsstielen, an denen sich auch die Kindel entwickeln. Die Stiele werden durch das Gewicht der Kindel nach unten gezogen, sodass die kleinen Jungpflanzen schneller ihren Weg zur Erde finden und Wurzeln schlagen können. Einmal ausgewildert, vermehrt sich die Pflanze in frostfreien Umgebungen mit ausreichend Wasser rasch.

Lebensräume erobern

Die zahlreichen Kindel schickt die Pflanze in Richtung Boden, um neue Lebensräume zu erobern. Diese Kindel sind genetisch größtenteils identisch mit der Mutterpflanze.

DU BRAUCHST

- Anzuchttopf
- feinen Bims
- Schere

Vermehrungsdauer: 4 bis 5 Wochen
Erfolgsquote: 100 %

SO VERMEHRST DU DIE PFLANZE

Vermehrung durch Kindel

Schritt 1

Kindel eintopfen

Grünlilien vermehren sich fast von allein. Sobald deine Pflanze ein Kindel gebildet hat, kannst du mit der Vermehrung beginnen. Bereite deinen Anzuchttopf vor, indem du das Loch des Topfes mit einem passenden Stein oder einer Tonscherbe bedeckst. Der Anzuchttopf sollte dabei mindestens so breit wie das Kindel sein. Befülle den Topf mit feinem, gewaschenem Bims. Nun kannst du das Kindel in den Anzuchttopf hängen. Das Kindel sitzt dann auf dem Substrat auf und wurzelt mit der Zeit hinein, wenn das Kindel bereits lang genug ist, kann es auch direkt im Topf platziert und die feinen Wurzeln mit Substrat bedeckt werden.
Halte den Bims dann feucht. Alternativ kannst du das Kindel auch in ein Gefäß mit Leitungswasser hängen. Hat dein Kindel bereits Wurzeln, die mindestens 5 cm lang sind, kannst du den zweiten Schritt überspringen und direkt mit Schritt 3 fortfahren.

Schritt 2

Auf Wurzeln warten

Lasse den Bims nicht austrocknen und gieße deinen Ableger bei Bedarf mit Leitungswasser. Nach etwa 2 Wochen sollten sich erste Wurzeln gebildet haben. Versuche einmal ganz vorsichtig an dem Kindel zu ziehen. Wenn du einen Widerstand spürst, ist dein Ableger bereit für den nächsten Schritt.

Schritt 3

Kindel trennen

Sobald das Kindel ausreichend bewurzelt ist und mindestens fünf Blätter hat, kannst du es mit einer Schere von der Mutterpflanze abtrennen. Schneide hierfür den Trieb, der das Kindel mit der Mutterpflanze verbindet, möglichst nah am Kindel ab. Der Trieb wird dann an der Mutterpflanze vertrocknen und kann nach einiger Zeit von dir gekürzt werden.

Schritt 4

Pflanze weiter bewurzeln

Nun kannst du den Topf an einen beliebigen Standort stellen und regelmäßig gießen, während du darauf wartest, dass der Topf vollständig durchwurzelt ist.

Expertentipp von Glenn:
Die Grünlilie wird häufig als besonders luftreinigend vermarktet. Tatsächlich ist aber dieser Effekt bei einzelnen Pflanzen in Wohnräumen nicht bedeutend. Pro Quadratmeter werden zwischen 10 und 100 Pflanzen benötigt, um denselben Effekt wie beim üblichen Lüften zu erzielen. Deine Grünlilie ist also eher dekorativ als luftreinigend. Trotzdem ist sie schön.

Video zur Vermehrung →

Was passiert nach der Vermehrung?

PFLANZE UMTOPFEN

Sobald dein Anzuchttopf vollständig bewurzelt ist, kannst du deiner Pflanze einen neuen Topf aussuchen. Deine Grünlilie stellt keine besonderen Anforderungen an das Material des Topfes oder das Substrat. An besonders sonnigen Standorten solltest du kein durchlässiges Material wählen, da deine Pflanze sonst zu schnell wieder Wasser benötigt.

Vielfalt im Topf
Probier doch mal, verschiedene Zuchtformen mit unterschiedlichen Blattfärbungen in einem Topf zu arrangieren. Mit der Zeit erscheinen die einzelnen Pflanzen wie eine einzige ausladende Pflanze und sehen noch fantastischer aus.

WASSERGABEN AN STANDORT ANPASSEN

Eine Grünlilie verträgt Standorte bis zu 5 m von einem Fenster entfernt und Temperaturen von 10 bis 30 °C. Du solltest aber deine Wassergaben an den Standort deiner Pflanze anpassen. Umso weiter die Grünlilie von einem Fenster entfernt steht, desto seltener muss sie gegossen werden. Wenn deine Pflanze für 3 Wochen nicht gegossen werden muss, ist der Topf zu groß oder die Pflanze zu weit von einem Fenster entfernt.
In ihren dicken und fleischigen Wurzeln speichert die Grünlilie Wasser, um kurzzeitige Trockenzeiten zu überstehen. Aufgrund ihrer Fähigkeit, Wasser zu speichern, sind Grünlilien daher ideale Pflanzen, wenn du häufig unterwegs bist. Stell sie dann ein wenig schattiger (ca. 1 m weiter entfernt vom Fenster), bevor du deine Pflanze auf dein Zuhause aufpassen lässt. Verwende die Hälfte der empfohlenen Düngermenge und teile die auf deine Gießhäufigkeit auf (siehe Seite 154).

Expertentipp von Annabelle:

Die Blätter deiner Grünlilie verraten dir, wenn sie unbedingt Wasser benötigen. Bei einer durstigen Pflanze werden die Blätter leicht blass und hängen schlapp herunter. Blätter mit weißer Variegation färben sich creme. Gib deiner Pflanze dann auf jeden Fall Wasser!

Noch mehr Pflegetipps:

BRAUNE BLATTSPITZEN VERMEIDEN

Braune Blattspitzen sind ein Anzeichen für unregelmäßige Wassergaben mit häufigem Wassermangel. Je größer deine Grünlilie ist, desto häufiger benötigt sie Wasser. Dabei füllt die Pflanze zunächst ihre Wasserspeicher auf, weshalb das Substrat nach wenigen Tagen schon wieder trocken erscheinen kann. Gießt du dann direkt deine Pflanze, können Wurzeln faulen. Wenn deine Pflanze noch nicht zu groß ist, hebst du sie zur Kontrolle einfach kurz an. Ist der Topf ganz schwer, hat deine Pflanze das Wasser in ihren Wurzeln gehortet und muss nicht mehr gegossen werden.

Die Blätter der Grünlilie werden mit der Zeit ausladend und die Pflanze wächst nach unten. Wenn die Blätter den Boden berühren, können die Spitzen ebenfalls braun werden. Dies vermeidest du, indem du deine Pflanze in einem Hängetopf höher oder auf einem Regal platzierst.

Welke Blätter entfernen

Einzelne vertrocknete oder gelbe Blätter kannst du nah am Ansatz abschneiden. Sollte dir einmal ein Pflegefehler unterlaufen und Blattspitzen vertrocknen, kannst du die vertrockneten Blattspitzen ebenfalls ganz unauffällig kürzen.

GRÜNLILIEN UND SCHÄDLINGE

Zwar verträgt deine Grünlilie durch die wasserspeichernden Wurzeln ein kurzzeitiges Austrocknen, jedoch schwächt dies deine Pflanze auf Dauer. Trocknet deine Pflanze häufiger hintereinander aus, können Blattspitzen vertrocknen oder die Anfälligkeit für Schädlinge steigt. Häufig sind dann Spinnmilben die Folge. Erhält deine Pflanze immer ausreichend Wasser von dir, sind Schädlinge dagegen extrem selten.

Funktioniert auch bei: *Phalaenopsis sanderiana* | *Anthurium forgetii*

Ceropegia linearis subsp. *woodii*

Leuchterblume

Ceropegia linearis subsp. *woodii*

| | Stammstecklinge

Diese hübsche kleine Pflanze hat viele Namen. Ihren englischen Namen „String of Hearts“ verdankt sie ihren herzförmigen Blättern, die an ihren dünnen Trieben wie an einer Schnur aufgefädelt erscheinen. Ihr deutscher Name Leuchterblume bezieht sich hingegen auf das Aussehen der Blütenstände, die an die Arme eines Kronleuchters erinnern. In dieser ganz besonderen Blütenform werden Fliegen für kurze Zeit gefangen gehalten, welche auf dem Weg in die Freiheit die Pflanze bestäuben. Die Blätter sind in einem satten Grünton gehalten und haben oft silber- oder cremefarbene Streifen, die ihnen ein bezauberndes Aussehen verleihen. Auch wenn man es auf den ersten Blick nicht vermutet, ist diese Pflanze eine Sukkulente und zählt zu den Hundsgiftgewächsen (Apocynaceae). Ihr natürlicher Lebensraum erstreckt sich von Simbabwe bis Südafrika, wo sie in Küstengebieten und an Abhängen wächst. Sie liebt es daher, im Sonnenlicht zu baden. Die Wurzeln der Leuchterblume können extreme Trockenheit überstehen und die Pflanze kann selbst aus kleinen Stecklingen erneut wachsen. Dies macht sie zu einer idealen Pflanze für die Vermehrung.
Wir stellen hier eine besondere Stecklingsvermehrung vor: die Butterfly-Methode (Schmetterlingsmethode). Sie wird so genannt, weil die Stecklinge und ihre Blätter wie Schmetterlingsflügel aussehen. Diese Methode eignet sich hervorragend, um Pflanzen mit einzigartigen Blattmerkmalen zu vermehren und sicherzustellen, dass die Ableger die gleichen Merkmale wie die Mutterpflanze aufweisen.

Ganzjährige Blütenpracht

In deinem Zuhause hat die Leuchterblume keine spezifische Blütezeit und kann das ganze Jahr über blühen, sofern du ihr ausreichend Licht gibst.

Expertentipp von Annabelle:

Sollte deine Leuchterblume Samen bilden, streust du die Samen auf eine befeuchtete Anzuchterde und platzierst die Samen sonnig. Lass die Anzuchterde nicht austrocknen. Das Einsprühen der Samen mit einer Wasserstoffperoxidlösung (siehe Glossar) beugt Schimmel vor und begünstigt die Keimung der Samen.

DU BRAUCHST

- Schere
- Sphagnum-Moos
- Perlit
- kleine Vermehrungsbox
- Heizmatte

Vermehrungsdauer: 4 bis 6 Wochen
Erfolgsquote: 90 %

SO VERMEHRST DU DIE PFLANZE

Vermehrung durch Stammstecklinge

Schritt 1

Moos vorbereiten

Starte damit, dass du dein feuchtes Sphagnum-Moos mit Perlit vermischst. Wir empfehlen ein Verhältnis von 2 Teilen Sphagnum-Moos auf 1 Teil Perlit. Verwende Perlit immer nur befeuchtet. Das Gemisch aus Sphagnum-Moos und Perlit gibst du dann in eine gereinigte kleine Box mit Deckel, und zwar so, dass 3 cm des Bodens der Box damit bedeckt sind. Das Gemisch sollte feucht sein, dabei aber nicht tropfen.

Schritt 2

Stecklinge schneiden

Suche dir Triebe an deiner Pflanze, die mehr als 4 Blattpaare haben, damit deine Pflanze nach dem Schneiden der Stecklinge auch weiterhin wunderschön aussieht. Setze einen Schnitt zwischen den Blattpaaren, sodass jeder Steckling zwei Blätter und ein bisschen Stängel hat. Die Stecklinge musst du vor dem nächsten Schritt nicht antrocknen lassen.

Schritt 3

Stecklinge betten

Forme mit deiner Hand eine kleine Furche im Moos, in welche du die Stecklinge legst. Die Blattoberseiten zeigen nach oben, der Stamm liegt auf dem Moos. Bedecke nun die Stecklinge, so dass nur noch die Blätter aus dem Moos gucken. Stelle die Box auf eine Heizmatte an einen hellen Standort. Nach 4 bis 6 Wochen sind deine Ableger ausreichend bewurzelt und erste Wachstumszeichen sollten sichtbar sein.

Video zur Vermehrung →

Was passiert nach der Vermehrung?

STECKLINGE EINTOPFEN

Sobald deine Stecklinge bereit sind, von dir umgetopft zu werden, holst du sie aus dem Moos heraus und befreist die Wurzeln vorsichtig vom Moos. Du erkennst die Wurzeln an ihrer weißen Farbe. Sei dabei behutsam, die Wurzeln solltest du möglichst nicht beschädigen. In einen Topf kannst du gleich mehrere Pflanzen setzen, damit die Pflanze später schön voll und buschig erscheint. Pro Zentimeter Topfdurchmesser kannst du dabei einen Ableger in den Topf setzen.

Moos entfernen

Wenn sich das Moos nur schwer entfernen lässt, kannst du deinen Steckling samt dem Moos an der Wurzel kurz in einer Schüssel mit Wasser einweichen. So lässt sich das Moos meist deutlich einfacher von der Wurzel lösen.

SUBSTRAT UND TOPF WÄHLEN

Wie bei fast allen Sukkulenten sollte das Substrat gut durchlässig sein, um Staunässe zu vermeiden, denn dadurch kann Wurzelfäule entstehen. Setze deine Stecklinge in ein Substrat für Sukkulenten und Kakteen und vermeide Torf. Torf ist nicht nur eine schützenswerte Ressource, sondern speichert zu viel Wasser, was dir deine Pflanze übel nehmen wird und faulende Wurzeln begünstigt. Ein ideales Substrat für eine Leuchterblume trocknet schnell. Ein unglasierter Terrakottatopf unterstützt das Trocknen des Substrates zusätzlich, da die offenporige Struktur der Terrakotta das Substrat belüftet.

Expertentipp von Glenn:
Du kannst Sphagnum-Moos, nachdem die Stecklinge bewurzelt sind, einfach von den Stecklingen absammeln, wieder trocknen und für eine zukünftige Nutzung in einem geschlossenen Behältnis aufbewahren. Wenn du es nicht mehr brauchst, kannst du es auch an andere pflanzenliebende Personen verschenken, die sich bestimmt darüber freuen.

Noch mehr Pflegetipps:

DER RICHTIGE STANDORT

Hängend kommt deine Pflanze am besten zur Geltung. Sie liebt es, sich im Sonnenlicht zu baden und direkte Sonnenstrahlen lassen zudem die Färbung deiner Pflanze in voller Schönheit erstrahlen. Bei ausreichend Sonne entwickelt deine Pflanze außerdem die für den Namen verantwortlichen leuchterförmigen Blütenstände. Aber auch in einer Wohnung ohne direkte Sonne wächst eine Leuchterblume, du kannst dich dann immerhin an den wundervollen Blättern erfreuen. Mit weniger Licht kommen die aufregenden Farben der Blätter jedoch weniger zum Vorschein.

Sonnenbad ermöglichen
An frostfreien Tagen kannst du deine Pflanze auch hinausstellen, gewöhne sie jedoch langsam ans Sonnenlicht.

GIEẞEN UND DÜNGEN

Gieße deine Pflanze, wenn das Substrat fast vollständig getrocknet ist. Wir empfehlen, die Pflanze bei jedem Gießen mit einem schwach dosierten Dünger für sukkulente Pflanzen zu versorgen.

LEUCHTERBLUMEN UND SCHÄDLINGE

Die Pflege der Leuchterblume ist unkompliziert, zudem ist die Pflanze sehr unanfällig für Schädlinge. Gelegentlich treten im Winter Wollläuse auf. Wollläuse behandelst du mit einem in Alkohol getränkten Wattestäbchen. Ist nur ein einziger Trieb deiner Pflanze befallen, so kannst du diesen auch einfach oberhalb des Befalls abschneiden. Denk daran, eine befallene Pflanze von anderen Pflanzen zu isolieren und in regelmäßigen Abständen auf einen erneuten Befall zu kontrollieren.

Funktioniert auch bei: *Ceropegia sandersonii* | *Philodendron hederaceum* | *Dischidia nummularia* | *Monstera obliqua* | *Hoya australis*

Pilea peperomioides 'White Splash'

Ufopflanze

Pilea peperomioides

☼ | 💧💧 | Kopfstecklinge

Die *Pilea peperomioides* 'White Splash' ist eine Zuchtform mit panaschierten Blättern: Bei dieser Zuchtform sind die charakteristischen runden Blätter weiß gesprenkelt. Die *Pilea peperomioides* gehört zu den Brennnesselgewächsen (Urticaceae) und hat ihr natürliches Verbreitungsgebiet in Süd-Zentral-China. Inzwischen ist sie in Belgien verwildert.
Der Name Ufopflanze rührt von den runden, grünen Blättern her, die auf dünnen Stielen sitzen und an schwebende Ufos erinnern. Die *Pilea peperomioides* verdankt dieser markanten Wuchsform viele weitere umgangssprachliche Bezeichnungen wie Glückstaler, chinesischer Geldbaum, Pfannkuchenpflanze oder auch Bauchnabelpflanze.
Vielleicht kennst du sie aber auch als Freundschaftspflanze. Dieser Name hat seinen Ursprung wahrscheinlich in den 1940er-Jahren, als der norwegische Missionar Agnar Espegren die *Pilea peperomioides* aus China nach Europa brachte und begann, Ableger an Freunde zu verschenken. Eine andere Erklärung beruht darauf, dass sich diese Pflanze so schnell vermehren lässt, dass du schon in kurzer Zeit eine Vielzahl an Jungpflanzen an deine Lieblingsmenschen verschenken kannst. So hat sie sich in manchen Teilen der Welt zu einem Symbol der Freundschaft entwickelt. In einigen Kulturen steht die *Pilea* auch für Wohlstand und Glück.

Die Ufopflanze ist so pflegeleicht, dass sie dafür 1993 von der Royal Horticultural Society mit dem Award of Garden Merit ausgezeichnet worden ist. Außerdem zählt die *Pilea peperomioides* zu den ersten Pflanzen, die durch soziale Medien einen Hype erfahren haben, und kurzzeitig wurde sie sogar als Rarität gehandelt.
Wenn du gerade erst beginnst, die eine oder andere Pflanze in deinem Zuhause zu vermehren, garantiert dir die Ufopflanze viele Erfolgsmomente und eine Vielzahl an Pflanzen, die du in deinem Freundeskreis verteilen kannst. Wir verraten dir unseren Geheimtipp, wie du diese Pflanze so schnell wie möglich vermehrst.

Ufopflanze bekommt Babys

Deine *Pilea peperomioides* bekommt regelmäßig kleine Babypflanzen (Kindel) im Topf, die du ganz leicht in ein eigenes Gefäß umsetzen kannst.

DU BRAUCHST

- Messer
- Wasserglas

Vermehrungsdauer: 4 bis 6 Wochen
Erfolgsquote: 100 %

SO VERMEHRST DU DIE PFLANZE

Vermehrung durch Kopfsteckling

Schritt 1

Steckling schneiden

Suche am Stängel eine Stelle zwischen den Blättern, an der du gut deinen Schnitt setzen kannst. Sollten dich die Blätter dabei stören, kannst du sie vorab ganz einfach mit dem Messer entfernen. Schneide deinen Kopfsteckling so, dass er mindestens 5 cm lang ist – länger geht auch, nur kürzer sollte er nicht sein. Die Mutterpflanze stellst du einfach zurück an ihren vorherigen Standort. Sie wird neu austreiben und dadurch noch buschiger erscheinen.

Schritt 2

Blätter entfernen

Entferne die unteren Blätter an deinem Steckling, so dass nur wenige obere Blätter verbleiben. Wenn du dir nicht sicher bist, wie viele Blätter du an deiner Pflanze belassen sollst, kannst du dich an deinem Wasserglas orientieren, in welchem du deinen Steckling bewurzelst. Es sollte lediglich der Trieb im Wasser stehen. Die Blätter sollten nicht nass werden, denn sie würden faulen und somit auch die Fäulnis deines Stecklings begünstigen. Das Antrocknen oder Behandeln der Schnittstellen ist nicht notwendig. Setze deinen Steckling in das Glas und befülle es mit Leitungswasser.

Schritt 3

Auf Wurzeln warten

In den kommenden Wochen füllst du das Wasser im Glas bei Bedarf auf. Rieche in regelmäßigen Abständen am Wasser. Riecht das Wasser gut, ist ein Wasserwechsel nicht notwendig. Riecht das Wasser faulig, tausche das Wasser aus, säubere das Glas (ohne Spülmittel) und spüle den Steckling kurz mit lauwarmem Leitungswasser ab. Stelle den Steckling dann wieder in das Glas und fülle neues Leitungswasser hinzu. Sollte doch einmal ein Blatt ins Wasser fallen, fische es einfach heraus. Dein Steckling wird entlang des Triebes Wurzeln bilden. Sobald diese Wurzeln mindestens 5 cm lang sind, ist dein Pflänzchen bereit eingetopft zu werden.

Expertentipp von Glenn:

Die Vermehrung der Ufopflanze über Kopfstecklinge funktioniert nicht nur schneller als die Vermehrung über Kindel, sondern begünstigt auch einen buschigeren Wuchs der Mutterpflanze.

Video zur Vermehrung →

Was passiert nach der Vermehrung?

DAS RICHTIGE SUBSTRAT

Deine *Pilea peperomioides* wurde von uns schon in jedem Substrat erfolgreich gepflegt. Umso sonniger dein Standort ist, desto weniger Gedanken musst du dir um das Substrat deiner Pflanze machen. Bei einem weniger idealen Standort bleibt deine Pflanze mit einem durchlässigen Substrat langfristig gesünder. Wenn du dazu neigst, deine Pflanzen häufig zu übergießen, setze deine Pflanze in einen Terrakottatopf.

Mehr Fülle im Topf

Entnimm nicht alle kleinen Kindel aus dem Topf deiner Mutterpflanze, um sie an deine Lieblingsmenschen zu verteilen. Die eine oder andere Babypflanze kannst du im Topf belassen, damit deine Pflanze mit der Zeit buschiger wird.

DER IDEALE STANDORT

Ein sonniges Plätzchen gefällt deiner Ufopflanze ganz besonders und animiert sie zur Bildung von Kindeln. Halbschatten ist auch möglich, führt jedoch zu deutlich weniger Kindeln. Die Pflanze wächst nach oben, wobei sie ihre unteren Blätter verliert und der untere Teil vom Trieb verholzt erscheint. Da sich die Ufopflanze grundsätzlich immer dem Licht zuwendet, solltest du sie für einen aufrechten Wuchs monatlich um 90 Grad drehen. Im Sommer kannst du sie in die Sonne stellen, sobald du sie an das Sonnenlicht gewöhnt hast. Sollte dir deine *Pilea peperomioides* irgendwann zu groß werden, kannst du sie auf eine für dich passende Größe kürzen. Sie wird dann erneut austreiben. Der Kopfsteckling eignet sich dann wiederum ideal zur Vermehrung deiner Pflanze.

GIEẞEN UND DÜNGEN

Deine Ufopflanze benötigt das ideale Mittelmaß zwischen Feuchtigkeit und Trockenheit. Hebe sie an, bevor du sie gießt, um zu kontrollieren, ob sie auch wirklich wieder Wasser braucht. Lass das Substrat hierfür einmal fast vollständig trocknen. So kennst du das Gewicht einer Pflanze, die wieder Wasser benötigt. Ist der Topf leicht, ist die Erde zu trocken. Ist der Topf noch ganz schwer, benötigt die Pflanze noch kein Wasser. Mit diesem Trick konnten wir schon für jede Ufopflanze den richtigen Gießrhythmus finden.

Noch mehr Pflegetipps:

Expertentipp von Annabelle:
Wusstest du schon, dass dir die Blätter deiner *Pilea peperomioides* verraten, ob du sie richtig gießt? Eingerollte Blätter sind ein Anzeichen für zu viel Wasser. Bei Wassermangel hängen die Blätter schlapp nach unten.

KRANKHEITEN BEHANDELN

Schädlinge sind selten. Sollte ein einzelnes Blatt befallen sein, entferne es. Sollte deine gesamte Pflanze befallen sein, kannst du zunächst versuchen, sie mit einem starken Wasserstrahl zu säubern. Vorbeugende Behandlungen sind nicht notwendig. Wurzelfäule tritt am häufigsten bei handelsüblicher Blumenerde in Kombination mit zu lieb gemeinten Wassergaben auf.

***Pilea peperomioides* in voller Blüte**

An einem Standort, an dem sich eine Ufopflanze besonders wohl fühlt, wird sie sogar blühen. Dies sieht wirklich fantastisch aus und zeigt dir, dass deine Pflanze mit deiner Pflege rundum zufrieden ist.

Funktioniert auch bei: *Rhaphidophora tetrasperma* | *Piper crocatum* | *Syngonium erythrophyllum* | *Aloe vera* | *Chlorophytum comosum*

Hoya australis 'Lisa'

Wachsblume

Hoya

| | | Stammstecklinge

Wachsblumen sind eine faszinierende und vielfältige Gattung. Sie gehören zur Familie der Hundsgiftgewächse (Apocynaceae) und sind besonders für ihre wachsartigen Blätter (daher der deutsche Name) und ihre meist duftenden Blütenstände bekannt. Weil die Blüten an Porzellan erinnern, wird die Pflanze auch Porzellanblume genannt. Ihren botanischen Namen verdankt sie dem britischen Botaniker Thomas Hoy.

Die Blätter der Wachsblumen sind meist glänzend und dickfleischig. Einige sind herzförmig, andere rund und manche auch ganz lang und dünn. Die Blattform ist dabei genauso vielfältig wie die Blattfarbe. In der freien Natur sind die Blätter häufig einfarbig. Durch gezielte Auslese sind aber auch Züchtungen entstanden, die mehrfarbig sind oder Muster und Flecken aufweisen.

Blattvielfalt genießen

Entscheide dich für eine *Hoya* mit aufregenden Blättern. So kannst du dich das ganze Jahr an ihr erfreuen und nicht nur, wenn sie gerade blüht.

Hoya australis ‘Lisa’ ist eine der bekanntesten Wachsblumen und besticht durch ihre dreifarbigen Blätter. Auch die Blütenstände dieser Zuchtform sind auffällig schön und verströmen einen zarten, süßen Duft. Sie bestehen aus kleinen, sternförmigen Blüten, die cremefarben bis weiß und innen an der Basis rot sind. Blüht deine Pflanze, ist dieser Anblick leider nur von kurzer Dauer.

Das natürliche Verbreitungsgebiet der *Hoya australis* erstreckt sich weit und deckt sowohl feucht-warme wie auch trockene Lebensräume ab. Zu finden ist sie in Australien, Indonesien, Malaysia, Fidschi, Neukaledonien, Papua-Neuguinea, Salomonen, Samoa, Tonga und Vanuatu. Die *Hoya australis* wird in unterschiedliche Unterarten mit jeweils eigenem Verbreitungsgebiet eingeteilt. Sie wird daher auch als Art-Komplex bezeichnet.

Weil ihre Blätter an langen Trieben wachsen, kannst du die Wachsblume wunderbar zur Vermehrung nutzen, und das ist sogar ganzjährig möglich.

DU BRAUCHST

- Schere
- Anzuchtkiste mit Bims oder Lava
- Pflanzenlampe
- Heizmatte

Vermehrungsdauer: 8 bis 11 Wochen
Erfolgsquote: 90 %

SO VERMEHRST DU DIE PFLANZE

Vermehrung durch Stammstecklinge

Schritt 1

Stecklinge schneiden

Suche dir einen Trieb an deiner Pflanze, von dem du Stecklinge schneiden möchtest. Von oben beginnend schneidest du deine Stecklinge zwischen zwei Knoten. Die Knoten erkennst du leicht, denn dort entspringen die Blätter. Dein Steckling muss mindestens einen Knoten aufweisen. Wir schneiden immer mittig zwischen zwei Knoten, sodass an deinem Steckling ausreichend Trieb vorhanden ist.

Schritt 2

Stecklinge betten

Bette deine Ableger nun in deiner Anzuchtkiste. Dafür bedeckst du den Knoten leicht mit dem Substrat, so dass nur die Blätter herausschauen. Deine Stecklinge sollten nach dem Schnitt unbedingt direkt in das feuchte Anzuchtsubstrat gesteckt werden, damit sie nicht austrocknen.

Schritt 3

Auf Wurzeln warten

Je nach Art kann die Bewurzelung unterschiedlich lange dauern. Bei manchen Arten kannst du bereits nach wenigen Wochen Wurzeln erkennen, bei anderen dauert es Monate. Überprüfe den Bewurzelungsstand, in dem du nach etwa 2 Wochen ganz vorsichtig gegen deine Pflanze stupst. Sobald du einen leichten Widerstand verspürst, ist das ein Zeichen, dass der Ableger Wurzeln bildet.

Schritt 4

Ableger eintopfen

Du kannst deinen Ableger beliebig lange in der Anzuchtkiste lassen. Aber sobald der Ableger neue Blätter zu bilden beginnt, ist er bereit, in einen eigenen Topf umzuziehen. Die Wurzeln deines Ablegers sollten mittlerweile mindestens 5 cm lang sein. Ziehe deinen Ableger ganz vorsichtig aus der Anzuchtkiste. Du kannst auch versuchen, die Wurzeln mit dem Finger oder einem kleinen Löffel etwas freizulegen. Versuche, dir dabei Zeit zu lassen, damit die feinen Wurzeln nicht beschädigt werden. Wenn sich die Wurzeln mit den Wurzeln eines anderen Ablegers verheddert haben sollten, versuche sie behutsam voneinander zu lösen und bedecke die Wurzeln des anderen Ablegers wieder mit dem Anzuchtsubstrat.

Expertentipp von Annabelle:
Sollte einer der Triebe mal keine Blätter haben und in Richtung Schatten wachsen, sucht deine Pflanze einen Baum oder einen Fels und spart sich Energie, indem sie keine Blätter bildet. Diese Triebe kannst du entweder entfernen, um Stecklinge daraus zu machen, oder deiner Pflanze die ersehnte Rankhilfe geben.

Video zur Vermehrung →

Was passiert nach der Vermehrung?

TOPF UND SUBSTRAT WÄHLEN

Wähle einen möglichst kleinen Topf für deine Wachsblume. Bei Töpfen unter 25 cm Durchmesser würden wir immer ein feines mineralisches Substrat aus Zeolith, Bims oder Lava empfehlen. Auch wenn Hoyas oft in handelsüblicher Blumenerde verkauft werden, würden wir dir davon abraten. Viele Arten wachsen einfach an der Rinde eines Baumes, an dem sie sich mit ihren Luftwurzeln festhalten. Eine handelsübliche Blumenerde ist somit viel zu feinkörnig für die Wurzeln. Erst ab einem Topfdurchmesser von 25 cm würden wir auch einen luftigen Erdmix (siehe Glossar) verwenden, welcher bei kleineren Töpfen zu schnell trocknen würde. Wir halten alle unsere Wachsblumen in unglasierten Terrakottatöpfen.

DER RICHTIGE STANDORT

Die Blätter der *Hoya* zeigen ihre schönste Färbung, wenn die Pflanze ausreichend Licht erhält. Zu viel Licht lässt die Blätter jedoch blasser erscheinen. Finde also den Standort in deiner Wohnung, der die aufregende Farbgebung deiner Pflanze zum Vorschein bringt und dabei die intensive Grünfärbung bewahrt. An solch einem Standort wächst eine *Hoya* besonders schnell.

Expertentipp von Annabelle:

Wachsblumen können sowohl hängend als auch kletternd gehalten werden. Wenn du deiner *Hoya* eine Rankhilfe gibst, entwickeln sich gleichbleibend große Blätter.

Expertentipp von Glenn:

Es wird manchmal gesagt, dass eine Wachsblume besonders nach der Winterruhe viele Blütenstände bildet. Dies entspricht jedoch kaum den klimatischen Bedingungen im natürlichen Lebensraum deiner Pflanze. Kaum Wasser und geringe Temperaturen können vielmehr deine Pflanze stressen. Dadurch wächst sie weniger bis gar nicht und nimmt vielleicht sogar dauerhaften Schaden im Wurzelbereich. Wir würden dir von einer Winterruhe abraten.

Noch mehr Pflegetipps:

GIEẞEN UND DÜNGEN

Das Substrat sollte deiner Pflanze immer Feuchtigkeit spenden, ohne dabei nass zu bleiben. Wenn die Blätter deiner *Hoya* leicht biegsam werden, benötigt sie umgehend Wasser. Versuche es zu vermeiden, dass dir deine Pflanze auf diese Weise zeigt, dass sie Wasser benötigt. Im Idealfall beobachtest du deine Pflanze und kennst nach einiger Zeit den Tag, bevor die Blätter beginnen, biegsam zu werden. Dies ist der ideale Zeitpunkt zum Gießen.

Wachsblumen werden gern umgetopft!

In freier Natur haben Wachsblumen durch ihre Luftwurzeln ein sehr ausgedehntes Wurzelwerk, weshalb du sie umtopfen kannst, sobald der Topf vollständig bewurzelt ist. Kleinere Töpfe stressen deine Pflanze, was sich jedoch positiv auf die Bildung von Blütenständen auswirken kann.

HOYAS UND SCHÄDLINGE

Hoyas sind nicht besonders anfällig für Schädlinge. Wenn sie doch mal befallen werden sollten, handelt es sich meistens um Spinnmilben oder Wollläuse. Spinnmilben wirst du durch das Einsprühen mit einem Neemöl-Emulgator-Wasser-Gemisch zum Glück schnell wieder los (siehe Glossar). Wollläuse kannst du mit einem in Alkohol getränkten Wattestäbchen entfernen.

Funktioniert auch bei: *Hoya macrophylla* | *Sedum × rubrotinctum* | *Crassula rupestris* subsp. *marnieriana* | *Curio rowleyanus* | *Ceropegia linearis* subsp. *woodii*

Interview Glenn

Wie viele Pflanzen hast du insgesamt?

Es waren mal fast 800 einzelne Pflanzen und über 450 verschiedene Arten, allerdings war es doch sehr zeitintensiv, eine bestmögliche Pflanzenpflege aufrechtzuerhalten. Nach und nach habe ich also meine Zimmerpflanzenanzahl reduziert und versuche nicht immer direkt 20 Stecklinge einer Pflanze zu schneiden, auch wenn mir die Pflanzenvermehrung große Freude bereitet. Vielleicht sind es aktuell noch 250 Pflanzen.

Kannst du bei so vielen Pflanzen auch mal entspannt verreisen?

Ja, aber auch nur dank Annabelle. Ich versuche mindestens einmal im Jahr für einen längeren Zeitraum zu verreisen, um mich wirklich erholen zu können. In dieser Zeit kümmert sich Annabelle liebevoll und zuverlässig um meine Pflanzen und ich kann meinen Urlaub entspannt genießen.

Wie bist du auf die Idee zu deinem YouTube-Kanal gekommen?

Ich hatte einen Instagram-Account, auf dem ich Bilder meiner Zimmerpflanzen und von botanischen Gärten, die ich besucht habe, veröffentlichte. Mein Gesicht wollte ich eigentlich nicht zeigen, da ich mich nicht bewertet fühlen wollte. Nach und nach bekam ich allerdings immer mehr Fragen zur Zimmerpflanzenpflege und Annabelle hat vorgeschlagen, häufig gestellte Fragen auf YouTube zu beantworten. Sie hat mich kurzerhand vor die Kamera gestellt und seitdem veröffentlichen wir jede Woche ein neues Video.

Welche Vermehrungsmethode bei Zimmerpflanzen fasziniert dich am meisten und warum?

Ich bin einfach immer wieder aufs Neue begeistert, wenn aus einem einzigen Blatt eine neue Pflanze entsteht, wie es bei vielen Sukkulentenarten der Fall ist. Es ist so fantastisch zu sehen, dass aus einem abgebrochenen Blatt nach einiger Zeit einfach eine ganze Pflanze wächst.

Was war deine grösste Herausforderung bei der Vermehrung von Zimmerpflanzen?

Ich bin prinzipiell eher ein ungeduldiger Mensch. Wenn es nach mir ginge, könnten Stecklinge nach einem Tag neue Wurzeln bilden. Pflanzen haben mir beigebracht durchzuatmen, mich nach ihrem Tempo zu richten und mit jeder Wurzel die Schönheit der Natur zu bewundern. Inzwischen bin ich geduldiger geworden und verkrafte, dass Pflanzen auch nach Tag zwei keine neuen Wurzeln gebildet haben.

Wie gehst du damit um, wenn du Vermehrungsfehler machst? Was nimmst du daraus mit?

Ich lerne aus jedem Fehler und versuche viele Fehler zu machen, damit ich noch mehr lerne. In Vorbereitung auf dieses Buch fand ich besonders spannend, wie sich Licht auf Stecklinge der Art *Ficus elastica* auswirkt. Kurz vor meinem Urlaub habe ich bei sonst identischen Bedingungen die Zeitschaltuhr einer Vermehrungsbox falsch eingestellt. Diese wenigen Stunden Unterschied bei der Beleuchtung haben über das Gelingen bei der Vermehrung entschieden.

Botanischer Garten Berlin

Welche ungewöhnlichen Vermehrungsmethoden hast du ausprobiert und wie erfolgreich waren sie?

Ich versuche meinen Gebrauch an Sphagnum-Moos stark einzuschränken, da Moore wundervolle Lebensräume sind, die erhalten werden müssen. Sphagnum-Moos wird häufig zum Abmoosen von Stecklingen verwendet. Ich habe dann versucht, es beim Abmoosen durch Perlit zu ersetzen, was super klappt, und nun nenne ich diesen Prozess gerne „Abperliten". Inzwischen züchte ich sogar mein eigenes Sphagnum-Moos.

Welche Tipps hast du für Personen, die gerade erst damit beginnen, Zimmerpflanzen zu vermehren?

Hab Geduld mit der Pflanze. Vermehrung benötigt Zeit und nicht jeder Steckling wird immer gelingen. Es kann passieren, dass ein Steckling eingeht oder aus einem Versuch nichts wird. Das gehört einfach dazu und kann viele Gründe haben. Eine gesunde und gedüngte Mutterpflanze bringt gesunde Stecklinge hervor. Vermehre unterschiedlichste Pflanzen, teste verschiedene Vermehrungsmethoden und hab Spaß, den neuen Pflanzen beim Wachsen zuzuschauen.

Besuchst du in all deinen Urlauben botanische Gärten? Seit wann machst du das?

Wenn ich eine Pflanze sehr mag, einen botanischen Garten oder Nationalpark besonders schön finde, muss ich mir das einfach angucken. Meist plane ich die Route in einem Land dann nach den jeweiligen botanischen Gärten oder nach besonderen Lebensräumen. Ich mache das so, seitdem ich über meine Urlaube selbst entscheide. Ich liebe Pflanzen von ganzem Herzen und kann mir tatsächlich keine schönere Urlaubsaktivität vorstellen.

Noch mehr Antworten →

FÜR GEDULDIGE

Bei diesen Pflanzen nimmt die Bewurzelung etwas mehr Zeit in Anspruch oder es kann zu Verlusten kommen.

Dracaena trifasciata 'Lauren'

Bogenhanf

Dracaena trifasciata

| | Blattstecklinge

Der Bogenhanf ist eine der widerstandsfähigsten Zimmerpflanzen. Wahrscheinlich ist er auch deshalb nicht nur in Wohnräumen, sondern auch in Büros und Einkaufszentren zu finden. Glenn konnte ihn sogar schon im Urlaub in einem Mülleimer wachsen sehen. Wenn eine Person nur eine einzige Pflanze zu Hause hat, dann ist es sehr wahrscheinlich ein Bogenhanf. Obwohl diese Pflanze so verbreitet und widerstandsfähig ist, wird sie oft unterschätzt und bekommt kaum Aufmerksamkeit. Genau deswegen darf sie in diesem Buch nicht fehlen.
Dein Bogenhanf gehört zur Familie der Spargelgewächse (Asparagaceae). Vielleicht kennst du die Pflanze noch unter dem Namen *Sansevieria*. Zu dieser Gattung zählte sie tatsächlich lange, mittlerweile wurde sie jedoch reklassifiziert und heißt jetzt *Dracaena*. Der Bogenhanf kommt größtenteils aus Zentralafrika und lebt dort in Regionen mit wechselnder Regen- und Trockenzeit bei Temperaturen von 12 bis 35 °C. Auch wenn die Pflanze in ihrem natürlichen Verbreitungsgebiet viel direktes Sonnenlicht bekommt, wird sie häufig an eher dunkleren Standorten gehalten.
Übrigens: Die Zuchtform *Dracaena trifasciata* 'Lauren' ist auf eine natürlich auftretende Mutation einer einzelnen Pflanze der Zuchtform *Dracaena trifasciata* 'Jaboa' zurückzuführen. Die Blätter von 'Lauren' werden bis zu 85 cm lang, weshalb diese Pflanze zu den langblättrigen Bogenhanf-Arten zählt. Bei idealen Bedingungen ist die Pflanze nach maximal 12 Monaten ausgewachsen und besitzt dann 11 bis 13 Blätter.
Ein Bogenhanf wird kommerziell nicht über Stecklinge vermehrt, sondern über Gewebekultur. Dadurch wird ermöglicht, dass in kürzerer Zeit mehr Pflanzen gezüchtet werden können und die Eigenschaften der Mutterpflanze größtenteils erhalten bleiben. Wir haben viele Vermehrungsmethoden ausprobiert und zeigen dir die Methode, die bei uns beim Bogenhanf am besten funktioniert und mit welcher du schnell größtmögliche Pflanzen erzielst.

Aufregende Vielfalt

Wenn du denkst, dass dir ein Bogenhanf zu langweilig ist, so täuschst du dich: Es gibt mittlerweile viele verschiedene und hinreißende Züchtungen. Was gibt es Besseres, als eine Pflanze, die aufregend aussieht, und dann auch noch wenig Pflege benötigt?

DU BRAUCHST

- Messer
- Zimt
- Wasserglas
- Heizmatte

Vermehrungsdauer: 6 bis 12 Wochen
Erfolgsquote: 100 %

SO VERMEHRST DU DIE PFLANZE

Vermehrung durch Blattstecklinge

Schritt 1

Stecklinge schneiden

Schneide Blätter, die du für die Vermehrung nutzen willst, wenige Zentimeter über dem Substrat ab. Die abgeschnittenen Stecklinge kannst du alle 15 cm erneut teilen, um noch mehr Pflanzen zu bekommen. Pro Steckling wird sich mindestens eine neue Pflanze entwickeln. In einem gekauften Topf sind häufig bis zu 10 Pflanzen. Schneide daher gleich mehrere Stecklinge, damit dein Topf später auch so schön voll aussieht.

Schritt 2

Ableger vorbereiten

Lege die Stecklinge nach dem Schnitt so, dass du immer weißt, wie das Blatt im Topf wuchs und du oben und unten zuordnen kannst. Der Steckling muss nämlich in Wuchsrichtung platziert werden. Häufig wird ein Dreieck aus dem unteren Teil des Blattes geschnitten, um zu markieren, wo oben und wo unten ist. Ein Ableger mit herausgeschnittenem Dreieck und ein Ableger ohne herausgeschnittenes Dreieck bilden gleich schnell neue Wurzeln.

Schritt 3

Schnittstellen behandeln

Die Bewurzelung der Ableger kann mehrere Monate dauern, weshalb wir die frischen Schnittstellen der Ableger in Zimt tunken und dann für 10 Minuten antrocknen lassen. So kann das Fäulnisrisiko während der Bewurzelung erheblich gesenkt werden. Wenn du geduldig bist, kannst du die frische Schnittstelle deines Ablegers auch einfach bis zu einen Tag lang antrocknen lassen.

Schritt 4

Ableger in Vase stellen

Nach dem Antrocknen stellst du deine Ableger aufrecht und richtig herum in ein Wasserglas und befüllst es mit Leitungswasser. Eine ideales Gefäß ist maximal 20 cm hoch und hat eine Öffnung, die genauso groß ist wie der Boden, damit du deine Ableger auch nach der Bewurzelung wieder ohne Probleme aus dem Gefäß entfernen kannst.

Schritt 5

Auf Wurzeln warten

Stelle deinen Ableger sonnig bis halbschattig und achte darauf, dass immer ausreichend Wasser im Gefäß ist. Fülle das Glas bei Bedarf einfach mit Wasser auf. Wenn du die Bewurzlung beschleunigen möchtest, stelle dein Glas auf eine Heizmatte. Beachte dann aber, dass das Wasser besonders schnell verdunstet. Wir stellen unsere Ableger zur Bewurzelung gerne dekorativ auf den Esstisch und sparen uns dadurch Schnittblumen. Deine Ableger sind fertig bewurzelt, sobald die Wurzeln 5 cm lang sind.

Expertentipp von Glenn:

Bei einigen Zuchtformen können Neuaustriebe im Aussehen der Mutterpflanze abweichen. Teile das Rhizom, um die Eigenschaften der Mutterpflanze zu erhalten.

Video zur Vermehrung →

Was passiert nach der Vermehrung?

ABLEGER EINTOPFEN

Nun kannst du deine Ableger in einen neuen Topf setzen. Für die weitere Bewurzelung verwenden wir bevorzugt zuvor gewaschenen feinen Bims oder feine Lava. In einen 18-cm-Terrakottatopf passen bis zu 10 Ableger. Dadurch erreichst du besonders schnell eine voll erscheinende Pflanze. Ein Terrakottatopf mit Loch lässt durch das poröse Material zusätzlich Luft an das Substrat und hilft Wurzelfäule vorzubeugen. Ab einem Topfdurchmesser von 30 cm empfehlen wir dir als Substrat einen besonders durchlässigen Sukkulentenmix (siehe Glossar).

Gib der Pflanze Zeit

Stelle deine Ableger eingetopft zurück an den Ort, an welchem du die Stecklinge bewurzelt hast. So hilfst du deiner Pflanze, sich zurechtzufinden und änderst nicht zu viele Faktoren auf einmal.

IN DEN ERSTEN 2 WOCHEN

Halte das Substrat für die nächsten 2 Wochen feucht, aber nicht nass. Ab der dritten Woche lässt du das Substrat vor dem nächsten Gießen fast vollständig trocknen. Nach bis zu einem Monat stellst du deine Pflanzen an ihren zukünftigen Standort, solltest du den Standort ändern wollen. Besonders wohl fühlt sich dein Bogenhanf an einem sehr sonnigen Standort. Halbschattige und auch schattige Standorte schafft dein Bogenhanf auch, sofern in dem Raum ein Fenster ist und ein wenig Licht deine Pflanze erreicht.

DER RICHTIGE STANDORT

Noch mehr Pflegetipps:

Hast du einen Balkon oder Garten, kannst du deinen Bogenhanf auch nach draußen stellen. Ein Bogenhanf verträgt nämlich Temperaturen bis 0 °C. Unterhalb dieser Grenze wird er allerdings Schaden nehmen. Steht deine Pflanze im Sommer an der frischen Luft und kann in der Sonne baden, wächst sie besonders schnell, kompakt und kann besonders hoch werden. Bei direkter Sonne blüht sie zudem, was einfach fantastisch aussieht.

BEI SCHÄDLINGEN UNBELIEBT

Der Bogenhanf gilt als sehr unanfällig. Bisher konnten wir an keinem Bogenhanf, um den wir uns je gekümmert haben, einen Schädlingsbefall feststellen. Viel wahrscheinlicher als ein Befall mit Schädlingen ist Wurzelfäule. Sollten die Wurzeln deiner Pflanze faulen, hängt dies meist mit einem zu häufigen oder unregelmäßigen Gießverhalten in Kombination mit einer zu feinen Erde und einem zu dunklen Standort zusammen. Das schwächt die Pflanzenwurzeln und begünstigt Wurzelfäule. Wenn dein Bogenhanf fault oder matschig wird, entfernst du die befallenen Pflanzenteile, topfst die Pflanze um und schenkst ihr mehr Licht.

GIEßEN UND DÜNGEN

Versorge deinen Bogenhanf mit ausreichenden Nährstoffen: Verwende einen schwach dosierten Dünger, der alle notwendigen Nährstoffe abdeckt. Ein Dünger für sukkulente Pflanzen eignet sich hier ideal. Bei einem passenden Substrat an einem geeigneten Standort kannst du das Gießen auch mal vergessen und somit ist der Bogenhanf die optimale Pflanze, wenn du viel unterwegs oder einfach nur vergesslich bist und eine pflegeleichte Pflanze magst.

Expertentipp von Annabelle:

Zu lange und zu dünne Blätter verraten dir übrigens, dass deine Pflanze zu wenig Sonnenlicht bekommt – stell sie also heller. Die zu langen und zu dünnen Blätter kannst du dann ideal zur Vermehrung nutzen.

Funktioniert auch bei: *Dracaena zeylanica* | *Dracaena angolensis* | *Zamioculcas zamiifolia*

Scindapsus pictus 'Exotica'

Gefleckte Efeutute

Scindapsus pictus

| | | Kopf- und Stammstecklinge

Diese Pflanze gehört zur Familie der Aronstabgewächse (Araceae). Das Verbreitungsgebiet von *Scindapsus pictus* liegt in Südost-Bangladesch bis West- und Zentral-Malesien. Es sind schnellwüchsige Pflanzen, die in ihrem natürlichen feucht-warmen Lebensraum Bäume emporklettern und 8 bis 10 cm pro Monat wachsen. Die Blätter schmiegen sich dabei häufig dicht an die Baumrinde. Ein *Scindapsus pictus* verträgt Temperaturen von 7 bis 40 °C.

Die Gefleckte Efeutute (*Scindapsus pictus*) sollte nicht verwechselt werden mit den Arten der Gattung *Epipremnum*, die „eigentlichen" Efeututen. In Geschäften werden Pflanzen der Gattung *Scindapsus* auch häufig als *Philodendron* verkauft. Selbst innerhalb der Gattung *Scindapsus* werden die einzelnen Arten und Züchtungen häufig miteinander verwechselt, da sich die Pflanzen oft in Blattform und Blattstruktur auf den ersten Blick kaum unterscheiden.

Die am häufigsten verkauften Arten der Gattung *Scindapsus* sind S. pictus und S. treubii, denen dann jeweils noch weitere Züchtungen zugeordnet werden können. Bei *Scindapsus pictus* findest du am häufigsten die Züchtungen 'Exotica', 'Argyraeus', 'Silvery Ann', 'Silver Splash' und 'Silver Lady'.

Die charakteristischen Merkmale der Gefleckten Efeutute sind ihre herzförmigen Blätter mit einem auffälligen Muster aus grünen und silbernen Flecken, welches der Pflanze ihren Trivialnamen gab. Je nach Züchtung variiert die Blattgröße und Blattfärbung dieser Art. Die botanische Artbezeichnung *pictus* kommt aus dem Lateinischen und bedeutet „gemalt".

Dein *Scindapsus pictus* 'Exotica' hat im Vergleich zu anderen Züchtungen etwas größere, fast vollständig silberne Blätter mit einem grünen Streifen in der Mitte und kleinen grünen Flecken am Blattrand.

Neben dem attraktiven Erscheinungsbild und der unkomplizierten Pflege hat auch die schnelle und einfache Vermehrung der Pflanze zu ihrer Beliebtheit beigetragen.

DU BRAUCHST

- Messer
- Wasserglas
- Heizmatte (optional)

Vermehrungsdauer: 6 bis 8 Wochen
Erfolgsquote: 90 %

SO VERMEHRST DU DIE PFLANZE

Vermehrung durch Kopf- und Stammstecklinge

Schritt 1

Stecklinge schneiden

Suche dir einen kräftigen Trieb deiner Pflanze aus. Aus einem Trieb lassen sich gleich mehrere Stecklinge gewinnen. Da sich ein *Scindapsus* nur selten verzweigt oder Seitentriebe bildet, schneide gleich mehrere Stecklinge, damit deine Pflanze später voller erscheint. Du startest mit dem Kopfsteckling. Ein idealer Steckling hat zwei bis vier Knoten und ist mindestens 10 cm lang. Schneide den ersten Steckling mit einem Messer ab. Je länger der gewählte Trieb ist, desto mehr Stecklinge kannst du schneiden. Belasse deiner Mutterpflanze mindestens zwei Blätter pro Trieb, damit sie nach der Vermehrung nicht zu kahl wirkt.

Schritt 2

Blätter entfernen

Entferne die unteren Blätter deiner Stecklinge, die im Wasserglas stehen werden. Ein Antrocknen der Stecklinge ist nicht notwendig. Befülle ein Glas mit Leitungswasser. Stell die Ableger so in das Glas, dass mindestens der unterste Knoten mit Wasser bedeckt ist. An den Knoten bilden sich neue Wurzeln. Sind keine Knoten mit Wasser bedeckt, kann es passieren, dass deine Ableger gar nicht wurzeln oder sehr viel Zeit zur Bewurzelung benötigen. Stelle dein Wasserglas an einen hellen und warmen Platz. Ideal sind etwa 25 °C. Alternativ kannst du die Ableger auch auf eine Heizmatte stellen, um die Bewurzelung zu beschleunigen.

Schritt 3

Wasser auffüllen

In den kommenden Wochen füllst du das Wasser in deinem Glas einfach nur auf, ein Wasserwechsel ist nicht notwendig. Nach mehreren Wochen sollten sich erste Wurzelansätze zeigen. Wenn die neuen Wurzeln beginnen sich zu verzweigen und etwa 5 cm Länge erreicht haben, sind deine Ableger bereit in einen Topf gepflanzt zu werden.

Expertentipp von Annabelle:
Wächst dir die Pflanze mal über den Kopf, kannst du einen *Scindapsus* jederzeit auf deine Wunschlänge zurückschneiden. Durch das Kürzen verzweigt sich deine Pflanze und wirkt anschließend voller. Die abgeschnittenen Triebe kannst du direkt für die Vermehrung nutzen.

Video zur Vermehrung →

Was passiert nach der Vermehrung?

SUBSTRAT UND TOPF WÄHLEN

Damit deine Pflanze langfristig gesund bleibt, empfehlen wir dir ein durchlässiges Substrat. *Scindapsus pictus* wird häufig in handelsüblicher Blumenerde verkauft. Ideal wäre jedoch ein luftiger Erdmix (siehe Glossar) in Kombination mit einem Terrakottatopf oder ein grobes mineralisches Substrat (siehe Glossar) in Kombination mit einem Selbstbewässerungssystem. In einen Topf mit einem Durchmesser von 17 cm kannst du problemlos 6 bis 10 Stecklinge setzen, sodass deine Pflanze direkt nach dem Umtopfen voll erscheint.

Vielfalt im Topf

Du kannst auch verschiedene Zuchtformen mit unterschiedlicher Blattform und Blattfärbungen in einem Topf kombinieren. Der Mix aus kleinen und großen Blättern lässt deinen Topf noch fantastischer aussehen.

DER RICHTIGE STANDORT

Der *Scindapsus pictus* schätzt eine Luftfeuchtigkeit über 60 %, kommt im Wohnraum aber auch mit jeder anderen Luftfeuchtigkeit zurecht, ohne dabei anfälliger für Schädlinge zu werden. Ein Standort mit wenigen Sonnenstunden pro Tag ist ideal, die Gefleckte Efeutute wächst jedoch auch an Standorten mit weniger Licht, sofern der Raum ein Fenster hat. Deine Pflanze sollte maximal 3 m von einem Fenster platziert werden.

Noch mehr Pflegetipps:

GIEßEN UND DÜNGEN

Halte das Substrat stets feucht, aber nicht nass. Das Substrat deiner Pflanze sollte innerhalb von 1 Woche wieder gegossen werden müssen. Ist es auch nach 2 Wochen noch zu feucht, solltest du das Substrat gröber gestalten oder deinen *Scindapsus pictus* näher an ein Fenster stellen. Dünge deine Pflanze bei jedem Gießen. Die Hälfte der empfohlenen Düngermenge aufgeteilt auf die Gießhäufigkeit (siehe Seite 154) ist optimal.

WURZELFÄULE VERMEIDEN

Schädlinge sind sehr selten und befallen deinen *Scindapsus pictus* kaum. Eine vorsorgliche Behandlung mit einem Neemöl-Emulgator-Wasser-Gemisch ist daher nicht notwendig. Am häufigsten tritt Wurzelfäule auf, was du daran erkennen kannst, dass die Triebe deiner Gefleckten Efeutute auch nach dem Gießen ganz schlapp erscheinen. Dies ist ein Warnsignal. Das Substrat deiner Pflanze sollte in solch einem Fall vollständig gewechselt werden. Sollte Wurzelfäule auftreten, gießt du deine Pflanze entweder zu fleißig oder der Standort entspricht nicht den Anforderungen deiner Pflanze.

Expertentipp von Glenn:
Eine Rankhilfe unterstützt den natürlichen Wuchs der Pflanze und lässt die Blätter größer werden. Hierfür muss die Rankhilfe jedoch ausreichend breit sein. Alternativ dazu sieht der *Scindapsus pictus* auch hängend großartig aus, weshalb wir unseren Pflanzen bisher keine Rankhilfe gegeben haben.

Gießen leicht gemacht

Da das richtige Gießen den meisten Personen Probleme bei Pflanzen dieser Art bereitet, empfehlen wir Selbstbewässerungssysteme mit Wasserstandsanzeiger. So weißt du immer ganz genau, ob dein *Scindapsus pictus* Wasser benötigt oder nicht.

Mehr Fülle

Einzelne Triebe deiner Pflanze kannst du, wenn sie dir zu lang werden, auch kreisförmig über das Substrat legen und mit einem Pflanzenstecker befestigen. Nach einigen Wochen bilden sich an den Knoten Wurzeln und du kannst die Triebe zwischen den Knoten durch einen Schnitt voneinander trennen. Die dadurch gewonnenen Ableger werden deine Pflanzen noch voller erscheinen lassen.

Funktioniert auch bei: *Scindapsus treubii* | *Epipremnum aureum* | *Tradescantia pallida* | *Ficus altissima* | *Dracaena fragrans*

Ficus lyrata 'Bambino'

Geigenfeige

Ficus lyrata

| Kopfstecklinge

Die Geigenfeige wird entweder innig geliebt oder gar nicht gemocht. Sie gehört zu den Maulbeergewächsen (Moraceae). Zum einen gibt es die Pflanze in ihrer ursprünglichen Form, also so, wie sie auch in der Natur wächst. Die aufregenden Blätter werden dann bis zu 50 cm groß. Zum anderen gibt es die Züchtung 'Bambino' mit genauso schönen Blättern, nur eben kleiner und kompakter. Die Zuchtform 'Bambino' wurde erstmals 1992 zufällig als Mutation unbekannten Ursprungs entdeckt. Auch wenn die Blattgröße beider Pflanzen je nach Pflege leicht variieren kann, werden die Blätter der Züchtung 'Bambino' niemals so groß wie die Blätter der ursprünglichen Art.
Die charakteristischen Blätter des *Ficus lyrata* tragen übrigens auch zum wissenschaftlichen Namen bei. Der Artname „*lyrata*“ bedeutet lyrenähnlich und bezieht sich auf die Blattform der Pflanze. Die Lyra ist ein antikes Leierinstrument. Auch ihr Trivialname ist von der Blattform inspiriert, nur dass sich der Name auf ein anderes Musikinstrument bezieht, nämlich die Geige.
Mit einer Geigenfeige holst du dir einen Baum in die Wohnung, welcher in der freien Natur bis zu 16 m groß wird und auch als Hemiepiphyt leben kann. Die Pflanze entstammt tropischen Lebensräumen, die sich von Westafrika bis ins westliche Zentralafrika erstrecken. Im Verhältnis zur Höhe der Pflanze ist der Stamm vergleichsweise dünn. In deinem Zuhause wird die Größe der Pflanze nur von der Höhe deiner Decke begrenzt.
Wenn du deine Geigenfeige vermehren möchtest, ist der Prozess eher langwierig, da es mehrere Monate dauern kann, bis der Ableger ausreichend Wurzeln bildet. Wir zeigen dir, wie du deine Chancen erhöhst!

Zuchtform wählen

Such dir die richtige Züchtung aus. Entscheide dich am besten vor dem Kauf deiner Pflanze, welche Blattgröße du am schönsten findest und welche auch wirklich perfekt in dein Zuhause passt.

Expertentipp von Glenn:

Sind dir am Blatt deiner Pflanze schon mal rote Punkte aufgefallen? Das sind keine Schädlinge, sondern Ödeme, also flüssigkeitsgefüllte Bläschen, die sich mit der Zeit wieder verwachsen. Sie sind ein freundlicher Hinweis deiner Pflanze, dass etwas mit der Pflege nicht so ganz stimmt.

DU BRAUCHST

- Papiertücher
- Messer
- Schere
- Wasserglas
- Efeututen-Steckling (optional)
- Heizmatte (optional)

Vermehrungsdauer: 6 bis 8 Wochen
Erfolgsquote: 90 %

SO VERMEHRST DU DIE PFLANZE

Vermehrung durch Kopfsteckling

Schritt 1

Steckling schneiden

Halte die Tücher griffbereit. Schneide an einer unverholzten Stelle zwischen zwei Blättern deinen Steckling. Ein idealer Steckling ist mindestens 15 cm lang und hat vier Blätter. Ein so langer Steckling ermöglicht dir, dass du den Trieb im Falle von auftretender Fäule zurückschneiden könntest, um deinen Steckling anschließend weiter zu bewurzeln. Sei dir bewusst, dass sich die Mutterpflanze an der Schnittstelle verzweigen wird. Möchtest du, dass der Neuaustrieb in eine bestimmte Richtung zeigt, solltest du deinen Steckling über dem Blatt schneiden, an welchem sich der Neuaustrieb bilden soll. Schneide Stecklinge im Frühjahr, um die Chance auf mehrere Neuaustriebe zu erhöhen.

Schritt 2

Pflanze verarzten

Lege deinen Ableger sofort zum Antrocknen auf ein sauberes Tuch. Wickle umgehend ein saugstarkes Tuch um die frische Schnittstelle am Stamm der Mutterpflanze, denn der herabtropfende Pflanzensaft trocknet schnell und lässt sich später schwer vom Stamm oder den darunterliegenden Blättern entfernen. Falls doch Tropfen auf den Blättern gelandet sind, wischst du sie mit einem feuchten Tuch ab. Nach 10 Minuten kannst du die Papiertücher an den frischen Schnittstellen der Mutterpflanze entfernen.

Schritt 3

Blätter entfernen

Schneide nun alle Blätter bis auf das oberste an deinem Ableger ab. Achte dabei darauf, dass an der Ansatzstelle der Blätter am Trieb 5 mm des Blattstieles stehen bleiben, um den Trieb nicht zu beschädigen. Das oberste Blatt halbierst du im Anschluss horizontal. Streue Zimt auf alle Schnittstellen – auch auf die Schnittstelle am halbierten Blatt – und lasse deine Ableger für 10 Minuten antrocknen. Anschließend stellst du sie in ein Glas mit Leitungswasser.

Schritt 4

Wasser wechseln

Nach 1 bis 2 Wochen sollten die verbliebenen Reste der Blattstiele weich geworden sein. Manchmal bildet sich dort auch Glibber. Führe einen vollständigen Wasserwechsel durch und entferne dabei die losen Blattstiele. Nach diesem Wasserwechsel tauschst du das Wasser nicht mehr aus, sondern füllst nur noch Wasser nach.

Schritt 5

Bewurzelung beschleunigen

Füge pro 1 bis 2 Geigenfeigen-Ableger einen gleich langen Steckling einer Efeutute hinzu. Die Hormone, die die Efeutute während der Bewurzelung an das Wasser abgibt, können sich positiv auf die Bewurzelung deiner Geigenfeige auswirken, sofern das Wasser nicht gewechselt wird. Deine Geigenfeige ist vollständig bewurzelt, wenn die Wurzeln mindestens 5 cm lang sind.

Video zur Vermehrung →

Was passiert nach der Vermehrung?

SUBSTRAT UND TOPF WÄHLEN

Nun kannst du die Pflanze entweder direkt in ein Selbstbewässerungssystem mit einem mineralischen Substrat (siehe Glossar) setzen oder du verwendest einen luftigen Erdmix (siehe Glossar) und einen unglasierten Terrakottatopf. Das poröse Material des Terrakottatopfes belüftet das Substrat zusätzlich und kann somit Wurzelfäule vorbeugen. Richte dich bei der Topfgröße nach der Höhe deiner Pflanze, damit sie ausreichend Wurzeln für mehr Stabilität bilden kann. Bis 1,60 m Höhe sollte der Topfdurchmesser ein Viertel bis ein Drittel der Höhe deiner Pflanze ausmachen.

Ideale Topfgröße

Wenn deine Pflanze vom Substrat ausgehend gemessen 1,20 m groß ist, würden wir einen Topf mit einem Durchmesser von 30 bis 40 cm empfehlen.

DER RICHTIGE STANDORT

Geigenfeigen sind standorttreu. Es gibt wenige Pflanzen, die so dramatisch reagieren, wenn du sie an einen anderen Standort umstellst. Im schlimmsten Fall wirft deine Geigenfeige sogar alle Blätter ab. Und sie liebt ihr tägliches Sonnenbad: Gute 4 bis 6 Stunden Sonne sollten es mindestens pro Tag sein.

Wenn du dir mit dem Standort in deinem Zuhause noch nicht so sicher bist, schlagen wir dir vor, versuchsweise mehrere Ableger zu schneiden und mit diesen auszutesten, welcher Standort in deinem Zuhause geeignet ist. So findest du in kürzester Zeit heraus, wo sich eine Geigenfeige in deinem Zuhause am wohlsten fühlt, ohne deine Mutterpflanze durch einen häufigen Standortwechsel zu stressen.

Expertentipp von Annabelle:

Eine Geigenfeige wird mit den Jahren durch ihre Blätter sehr schwer. Achte also darauf, dass die Erde deiner Pflanze nicht komplett austrocknet, denn dadurch wird die Erde zu leicht und deine Pflanze könnte umkippen. Ab einem Topfdurchmesser von 20 cm könntest du dem Substrat Lava beimischen, um der Pflanze mehr Halt im Topf bzw. Gewicht zu geben.

Noch mehr Pflegetipps:

GIEßEN UND DÜNGEN

Ist dein Substrat auch 2 Wochen nach dem letzten Gießen noch feucht, solltest du dein Substrat luftiger mischen. Auch Trockenheit verträgt *Ficus lyrata* nicht gut, so dass die Pflanze dann alle Blätter hängen lässt. Hängende Blätter können dann auch von der Pflanze abgeworfen werden. Achte also darauf, dass dein Substrat ausreichend schnell trocknet, dabei aber nie komplett austrocknet. Orientiere dich bei der Düngermenge deiner Pflanze an der vollen, vom Hersteller empfohlenen Dosis.

SPINNMILBENMAGNET

Geigenfeigen sind anfällig für einen Befall mit Spinnmilben und Thripsen. Je höher die Luftfeuchtigkeit ist, desto unwahrscheinlicher wird ein Befall mit Spinnmilben. Die Luftfeuchtigkeit in deinem Zuhause sollte idealerweise zwischen 40 und maximal 60 % liegen, um das Risiko von Schimmelbildung an den Wänden zu minimieren. Vorsorglich kannst du deine Pflanze im Sommer alle 2 Monate und im Winter ein Mal im Monat mit einem Neemöl-Emulgator-Wasser-Gemisch besprühen (siehe Glossar).

Bäumchen schüttel dich nicht

Es gibt einen Mythos, der sich hartnäckig hält: Angeblich würde das Rütteln am Stamm der Geigenfeige den Stammdurchmesser erhöhen und sie so stabiler machen. Das Rütteln am Stamm schädigt aber die Wurzeln langfristig und kann das obere Pflanzenwachstum einschränken. Gib also deiner Pflanze lieber eine Stütze, damit sie nicht umfällt.

Expertentipp von Glenn:

Durch regelmäßiges Schneiden von Kopfstecklingen fördert man die Verzweigung, was zu einer üppigen Pflanze mit vielen Trieben und Blättern führt. Dadurch wird der Stamm besonders schnell an Umfang gewinnen.

Funktioniert auch bei: *Ficus elastica* | *Ficus altissima* | *Ficus benghalensis* | *Ficus carica*

Graptopetalum paraguayense

Geisterpflanze

Graptopetalum paraguayense

| | Blattstecklinge

Das *Graptopetalum paraguayense* gehört zur Familie der Dickblattgewächse (Crassulaceae) und ist eine Sukkulente, die im Aussehen ihren nahen Verwandten, den Echeverien, ähnelt. Der botanische Artname geht auf das Land Paraguay zurück, das man lange als Herkunftsland der Art ansah. Tatsächlich stammt die Geisterpflanze aber aus Mexiko. Inzwischen ist sie in Portugal und Teilen Australiens verwildert.
Sie bildet kleine, kompakte Sträucher mit dünnen Stämmen, meistens mit aufrechter Wuchsform. Manchmal fallen die Sträucher aber später um und breiten sich dann am Boden liegend aus.
Durch ihre wasserspeichernden Blätter ist die Pflanze perfekt an ihre trockene Herkunft angepasst. Die Blätter sind bläulich-grün und haben eine zarte, violette Färbung an den Blatträndern. Bei guten Lichtverhältnissen erscheinen die Blätter in unterschiedlichen Weiß-, Grau- oder Blautönen.
Der Trivialname Geisterpflanze ist auf die Wachsschicht und die dadurch matt und bleich erscheinenden Blätter zurückzuführen, die diese Sukkulente wie einen Geist aussehen lassen. Die Wachsschicht schützt die Pflanze vor intensiven Sonnenstrahlen. Bei Berührung kann die Wachsschicht jedoch unwiderruflich beschädigt werden. Dies erscheint dann fast so, als hättest du Fingerabdrücke auf einer Pflanze hinterlassen.
Das *Graptopetalum paraguayense* wird manchmal auch Felsenrose genannt, denn aus der Ferne betrachtet erscheint es wirklich so, als würden weiße Rosenblüten aus dem Felsen wachsen, was wirklich besonders schön aussieht.
Die Pflanze kann auch Blütenstände bilden, an welchen eine Vielzahl weißer sternförmiger Blüten stehen. Auch wenn die einzelnen Blüten nach wenigen Tagen verwelken, erstreckt sich doch die Blütezeit über mehrere Wochen.

Expertentipp von Annabelle:

Die wunderschönen Blätter der Pflanze fallen bei Berührung sehr leicht ab, lassen sich jedoch wie bei vielen anderen Dickblattgewächsen ideal für die Vermehrung nutzen. Bei optimalen Bedingungen kannst du aus jedem Blatt eine neue Pflanze ziehen.

DU BRAUCHST

- Anzuchtkiste
- feinen Bims oder feine Lava
- Heizmatte
- Pflanzenlampe

Vermehrungsdauer: 4 bis 6 Wochen
Erfolgsquote: 80 %

SO VERMEHRST DU DIE PFLANZE

Vermehrung durch Blattstecklinge

Schritt 1

Blätter abbrechen

Breche oder schneide ein Blatt oder mehrere Blätter an der Basis ab und lege sie an eine warme und trockene Stelle, um jedes Blatt dort 2 bis 3 Tage antrocknen zu lassen.

Schritt 2

Blätter betten

Feuchte das Substrat (Bims oder Lava) in deiner Anzuchtkiste leicht an und lege die angetrockneten Blätter so hinein, dass sie auf dem Substrat aufliegen. Versuche zu vermeiden, die Blätter mit der Schnittfläche direkt in das Substrat zu stecken, da sie so vor der Bewurzelung häufig faulen oder einfach nur vertrocknen.

Schritt 3

Blätter bewurzeln

An einem warmen, hellen Platz bilden sich innerhalb weniger Wochen Wurzeln an der getrockneten Bruch- oder Schnittstelle der Blätter. Erste winzige Blättchen entstehen kurz danach. Ist es nicht fantastisch, wie eine ganze Pflanze aus einem einzelnen Blatt wachsen kann? Wir sind auf jeden Fall beeindruckt.

Schritt 4

Ableger vereinzeln

Du kannst deine Ableger beliebig lange in der Anzuchtkiste belassen. Sobald die Ableger beginnen, neue Blätter zu bilden, sind sie bereit, in einen eigenen Topf zu ziehen. Die Wurzeln deiner Ableger sollten mittlerweile mindestens 5 cm lang sein. Ziehe die einzelnen Ableger ganz vorsichtig aus der Anzuchtkiste. Du kannst versuchen, die Wurzeln etwas mit dem Finger oder einem kleinen Löffel freizulegen. Lasse dir dabei Zeit, damit keine Wurzeln beschädigt werden. Wenn sich die Wurzeln mit den Wurzeln eines anderen Ablegers verheddert haben, versuche sie behutsam voneinander zu lösen und bedecke die Wurzeln des anderen Ablegers wieder mit Anzuchtsubstrat.

Video zur Vermehrung →

Was passiert nach der Vermehrung?

SUBSTRAT UND TOPF WÄHLEN

Wähle für deine Geisterpflanze ein sehr durchlässiges Substrat, speziell für Sukkulenten und Kakteen (siehe Glossar). Du kannst auch feine Erde nehmen und zur Auflockerung mittelgroben Bims untermischen. Setze die Pflanze in einen unglasierten Terrakottatopf, um Wurzelfäule vorzubeugen. Terrakotta ist durch die Poren im Ton durchlässig und belüftet somit zusätzlich die Erde deiner Pflanze. Dein *Graptopetalum paraguayense* hängt mit der Zeit den Topf hinab. Unserer Meinung nach sieht das in Kombination mit einer anderen aufrecht wachsenden sukkulenten Pflanze im selben Topf besonders aufregend aus, weshalb sich deine Geisterpflanze gut eignet, um mit anderen Pflanzen in einem Topf arrangiert zu werden.

Verhindere Geilwuchs

Um kleine Blätter an langen Stielen (Geilwuchs) zu vermeiden, solltest du die Pflanze sehr sonnig oder sehr kühl und trocken überwintern. Bei 5 bis 10 °C stellt die Geisterpflanze ihr Wachstum ein. Eine kühle Überwinterung begünstigt die Blütenbildung im Frühjahr.

DER RICHTIGE STANDORT

Damit der charakteristische Wuchs und die Blattfärbung deiner Sukkulente erhalten bleiben, benötigt dein *Graptopetalum paraguayense* ganzjährig einen hellen und warmen Standort mit viel direktem Sonnenlicht. Steht die Pflanze zu dunkel, reckt sie sich dem Licht entgegen und bildet nur kleine Blätter aus. Häufig brechen Triebe dann auch unter ihrem eigenen Gewicht einfach ab, da dünne Triebe nicht genug Stabilität bieten. Abgebrochene Triebe kannst du übrigens auch zur Vermehrung nutzen.

Im Sommer kannst du deine Pflanze nach draußen in die Sonne stellen. Die Pflanze ist sogar, wenn sie geschützt steht, bedingt winterhart. Bei uns hat sie sich schon auf dem Balkon verteilt, denn ab und an fällt immer mal ein Blatt ab und siedelt sich so in anderen Blumentöpfen an. Geschützt überwintern so nun schon drei Pflanzen im Topf von kleineren Bäumen oder Kräutern auf unseren Balkonen. Achte in deinem Zuhause darauf, dass die Blätter beim Gießen nicht nass werden. Sollten sie dennoch nass werden, wisch die Blätter nicht ab. Dies würde wiederum die Wachsschicht beschädigen. Stell die Pflanze stattdessen lieber neben ein geöffnetes Fenster, damit die Blätter schneller trocknen. Bei einem Standort im Freien besteht kein Problem, da die Sukkulente durch ausreichend Luftzirkulation (Wind) rasch trocknet.

Noch mehr Pflegetipps:

GIEßEN UND DÜNGEN

Lass das Substrat zwischen den Wassergaben austrocknen. Verwende einen Dünger für Sukkulenten und Kakteen und nimm die Hälfte der empfohlenen Düngermenge, aufgeteilt auf deine Gießhäufigkeit (siehe Seite 154).

WURZELFÄULE VERMEIDEN

Am häufigsten tritt Wurzelfäule auf, wenn du es mit dem Gießen deiner Pflanze zu gut meinst oder das Substrat zu feinkörnig ist und somit für die Wurzeln deiner Sukkulente eine ungünstige Situation geschaffen wird.

Wasser im Blatt

Blattsukkulenten speichern Wasser in ihren Blättern, um Trockenheit zu überstehen. Diese Sukkulenten haben daher typischerweise dicke, fleischige Blätter, die oft auch behaart sind. Diese Anpassungen helfen ihnen, in trockenen Umgebungen zu überleben.

Expertentipp von Glenn:

Deine Pflanze muss über viele Jahre hinweg nicht umgetopft werden, entwickelt jedoch mit der Zeit ein Eigengewicht durch die herabhängenden Triebe. Achte auf einen ausreichend schweren Topf, der deiner Pflanze langfristig Halt gibt. Besonders schwere Töpfe sind hier von Vorteil.

Funktioniert auch bei: *Sedum morganianum* | *Crassula ovata* | *Crassula arborescens* subsp. *arborescens* | *Echeveria pulvinata* | *Echeveria agavoides*

Zamioculcas zamiifolia 'Raven'

Glücksfeder

Zamioculcas zamiifolia

| | | Blattstecklinge

Die Glücksfeder, auch „ZZ Plant“ genannt, ist ein Aronstabgewächs (Araceae). In der Natur wird die *Zamioculcas zamiifolia* etwa 1 m hoch. Ihr botanischer Artname bezieht sich auf ihre optische Ähnlichkeit mit einer *Zamia*, einer Gattung von Palmfarnen. Die Gattungen sind allerdings nicht näher verwandt.
Das natürliche Verbreitungsgebiet der Pflanze reicht von Kenia bis zur Ostküste Südafrikas. Dort lebt die Glücksfeder am Boden feuchter bis trockener Lebensräume. Sie kann von anderen Pflanzen bedeckt werden, überlebt sogar auf blankem Felsen und verträgt problemlos Temperaturen bis 38 °C. Die Glücksfeder ist für ihre wasser- und nährstoffspeichernden Rhizome bekannt, doch auch der Rest der Pflanze ist auf Trockenheit vorbereitet. So bestehen selbst die Blätter zu bis zu 91 % aus Wasser. Sie ist somit eine Pflanze, die unterschiedlichste Lebensräume erobern kann und auch in Trockenzeiten Wochen oder auch Monate ohne Niederschlag übersteht.
Neben diesen Eigenschaften hat die Züchtung 'Raven' auch noch ein besonderes Merkmal: Ihr dunkelgrünes, fast schwarzes Laub erinnert an die Federn eines Raben, daher ihr Name. Bei den scheinbaren Trieben der Glücksfeder handelt es sich in Wirklichkeit um die Mittelrippen (Blattspindeln) der Blätter, die mit ledrigen, eiförmigen, zugespitzten und glänzenden Fiederblättchen besetzt sind. Mittelrippe und Fiederblättchen bilden zusammen ein (großes) Blatt. Zu Beginn ist ein neues Blatt noch kräftig hellgrün, mit der Zeit dunkelt es aber nach. So entsteht ein besonderer Kontrast, den du immer wieder aufs Neue bestaunen kannst. Gelegentlich werden die Fiederblättchen abgeworfen. Wenn diese dann auf dem feuchten Substrat landen, entstehen kleine Verdickungen, die Wurzeln bilden und zu neuen Pflanzen heranwachsen. Dabei ist jedoch viel Geduld gefragt. Wesentlich schneller geht es, wenn du die Pflanze direkt über ihre Blätter vermehrst.

Expertentipp von Annabelle:

Bei starkem Wachstum drücken die kräftigen Wurzeln der Pflanze an die Topfwand und können den Topf verformen oder sogar sprengen. Daher ist es ratsam, ihr stets einen ausreichend großen Topf oder einen Topf aus einem nicht biegsamen Material wie Terrakotta zu geben.

DU BRAUCHST

- Messer
- Zimt
- Wasserglas

Vermehrungsdauer: 7 bis 9 Wochen
Erfolgsquote: 80 %

SO VERMEHRST DU DIE PFLANZE

Vermehrung durch Blattsteckling

Schritt 1

Steckling schneiden

Suche dir ein Blatt, welches du für die Vermehrung nutzen möchtest. Bedenke, dass es sich bei einem Blatt um den scheinbaren Trieb zusammen mit den kleinen Blättchen handelt (nicht um eines der kleinen Fiederblättchen). Achte darauf, dass das Blatt bereits ausgerollt und ausgehärtet ist. Bei der Zuchtform 'Raven' erkennst du geeignete Blätter an ihrer dunklen Färbung. Trenne das Blatt am unteren Ende etwa 5 cm oberhalb des Substrates mit einem Messer ab. An dieser Schnittstelle wird das Blatt nicht nachwachsen. Suche dir also ein weniger auffälliges Blatt zum Abschneiden aus, damit das Aussehen deiner Pflanze nicht sonderlich beeinträchtigt wird.

Schritt 2

Ableger in Wasserglas stellen

Bestreue die Schnittstelle großzügig mit Zimt und lass diese für bis zu 30 Minuten antrocknen. Nun ist dein Ableger bereit, in ein Glas mit Leitungswasser umzuziehen. Der Ableger bildet beim Wurzeln knollenartige Verdickungen, eine Vase, die oben schmal ist, eignet sich daher nicht als Gefäß, denn der Steckling würde sich später nur schwer aus der Vase entnehmen lassen. Und es wäre doch schade, wenn du dich zwischen der Vase und deinem neuen Ableger entscheiden müsstest.

Schritt 3

Auf Wurzeln warten

Das Glas stellst du hell. Das Wasser füllst du in den kommenden Wochen einfach immer wieder auf, ein Wasserwechsel ist nicht notwendig. Bring auf jeden Fall Geduld mit. Manchmal dauert es bis zu 2 Monate, bis sich erste Wurzeln bilden. Optional könntest du das Glas auch auf einer Heizmatte platzieren, um die Wurzelbildung zu beschleunigen. Bei 25 °C bilden sich Wurzeln am schnellsten. Sobald die Wurzeln deines Ablegers mindestens 5 cm lang sind, ist dein Ableger bereit, eingetopft zu werden.

Video zur Vermehrung →

Was passiert nach der Vermehrung?

TOPF UND SUBSTRAT WÄHLEN

Wähle einen Terrakottatopf, der etwa 15 cm breit ist. An sehr schattigen Standorten neigt die Glücksfeder zu Wurzelfäule, daher empfehlen wir dir, sie in einen sehr lockeren Mix für Sukkulenten und Kakteen (siehe Glossar) zu setzen. An sonnigen Standorten reicht eine handelsübliche torffreie Erde für sukkulente Pflanzen aus. Sollte dein Ableger zu schwer sein und keinen Halt im Topf finden, kannst du ihn mit einem Stab stützen, bis sich weitere Wurzeln gebildet haben und die Pflanze fest im Topf sitzt.

DER RICHTIGE STANDORT

Deine Glücksfeder kommt mit jedem Standort in deiner Wohnung zurecht, solange der Raum ein Fenster hat. Je sonniger deine Pflanze steht, desto kompakter und aufrechter ist der Wuchs. Steht deine Pflanze zu schattig, strecken sich zukünftige Blätter stark in Richtung des Lichtes und können dabei dünner werden. Sind die Blätter über 1 m lang und haben insbesondere die oberen Fiederblättchen einen Abstand von mehr als 5 cm zueinander, steht deine Glücksfeder wahrscheinlich zu dunkel. Die Blätter sind dann zudem weniger satt. Ein sonniger Standort macht deine Glücksfeder besonders glücklich.

GIEßEN UND DÜNGEN

Noch mehr Pflegetipps:

Je größer der Topf deiner Pflanze ist, desto seltener braucht sie Wasser. Spätestens wenn die Pflanze schrumpelig wird, benötigt sie dringend einen kleinen Schluck von dir. Versuche dennoch schrumpelige Blätter zu vermeiden, denn deine Pflanze wird dadurch unnötig gestresst. Zum Düngen verwenden wir bei jedem Gießen die Hälfte der empfohlenen Menge eines Düngers für Sukkulenten und Kakteen und teilen diese auf unsere Gießhäufigkeit auf (siehe Seite 154). Die Glücksfeder kann je nach Topfgröße mehrere Monate ohne Wasser überleben und eignet sich perfekt für Personen, die das Gießen sehr oft vergessen oder häufig unterwegs sind.

Wuchs beeinflussen

Wenn du bemerkst, dass ein neues Blatt in eine ungünstige Richtung wächst, kannst du das Blatt durch einen Stab in die gewünschte Richtung stützen und warten, bis das Blatt aushärtet. Häufig verbleibt das Blatt dann in der gestützten Position und der Stab kann später entfernt werden.

WURZELFÄULE UND SCHÄDLINGE VERMEIDEN

Am häufigsten tritt bei dieser Pflanze Wurzelfäule auf. Dies vermeidest du durch ein Substrat für sukkulente Pflanzen (siehe Glossar) mit einem hohen Anteil an mittelgroben Bestandteilen, wie Lava oder Bims, in Kombination mit einem Terrakottatopf. Hat deine Pflanze Wurzelfäule, solltest du alle betroffenen Pflanzenteile abschneiden, das vorherige Substrat entfernen und die Pflanze umgehend umtopfen. Schildläuse und Wollläuse sind lästige Schädlinge, lassen sich aber leicht mit einem in reinen Alkohol getränkten Wattestäbchen abwischen.

Expertentipp von Glenn:

Nach dem Umtopfen kann es bei idealen Bedingungen 20 bis 28 Wochen dauern, bis deine Pflanze im neuen Topf vollständig bewurzelt ist. Nach der Vermehrung dauert es eventuell viele Jahre, bis deine Pflanze einen ersten Blütenstand bildet. Habe einfach viel Geduld.

Funktioniert auch bei: *Dracaena zeylanica* | *Dracaena angolensis* | *Dracaena trifasciata*

Ficus elastica 'Tineke'

Gummibaum

Ficus elastica

| | | Kopf- und Stammstecklinge

Der Gummibaum ist definitiv einer unserer absoluten Lieblinge und zählt in den unterschiedlichsten Züchtungen zu unseren ältesten Zimmerpflanzen. Wie der Name der Pflanze schon verrät, holst du dir eigentlich einen riesigen Baum in dein Zuhause. Alles, was deine Pflanze am Wachstum hindern wird, ist deine Deckenhöhe. Der *Ficus elastica* gehört zur Familie der Maulbeergewächse (Moraceae).

Das natürliche Verbreitungsgebiet des Gummibaums erstreckt sich von Nepal bis China und Malaysia. Bei einer Luftfeuchtigkeit von über 60 % bekommt er überall Luftwurzeln und in manchen Teilen der Welt werden aus den Luftwurzeln alter Pflanzen sogar Brücken gebaut. Das ist enorm aufwendig und zeitintensiv, sieht aber fantastisch und sehr verwunschen aus.

Seinen Namen verdankt der Gummibaum dem milchigen Saft, der aus Wunden austritt. Dieser wird Gummi elasticum genannt und kann zu natürlichem Kautschuk verarbeitet werden.

In der freien Natur wird ein *Ficus elastica* aufgrund der schieren Größe nicht von anderen Pflanzen bedeckt, es ist also eine Pflanze, die besonders gern in der Sonne badet. Würde es bei uns nicht frieren, könnte die Pflanze auch einfach draußen wachsen.

Durch einen Zufall sind wir in den Besitz einer Züchtung gekommen, die es so in Europa eigentlich noch nicht zu kaufen gab. Und weil wir diese Züchtung so besonders fanden und auf keinen Fall verlieren wollten, haben wir sehr, sehr viele Stecklinge herangezogen. Inzwischen ist diese Züchtung fast überall zu finden.

Buschige Pflanzen

Wenn du einen Gummibaum kaufst, findest du meistens mehrere Pflanzen in einem Topf, wodurch der Topf voller wirkt. Wenn du möchtest, dass auch eine einzelne Pflanze buschiger wächst, schneide einfach einen Kopfsteckling. Im Anschluss wird sich deine Pflanze an der Schnittstelle verzweigen.

Expertentipp von Glenn:

Wir haben beim Gummibaum bereits jede erdenkliche Vermehrungsmethode ausprobiert: In Wasser – zu viele Stecklinge faulten; in Moos – das Moos war schwer von jungen Wurzeln zu trennen und sorgte für einen zu feuchten Bereich in Wurzelnähe. Eine Variante hat sich jedoch bewährt, um in kurzer Zeit viele gesunde Pflanzen zu züchten.

DU BRAUCHST

- Messer
- Schere
- Anzuchttöpfe (9 cm)
- mittelgroben Bims
- Vermehrungsbox
- Heizmatte
- Papiertücher
- Handschuhe

Vermehrungsdauer: 6 bis 8 Wochen
Erfolgsquote: 90 %

SO VERMEHRST DU DIE PFLANZE

Vermehrung durch Kopf- und Stammstecklinge

Schritt 1

Stecklinge schneiden

Achte darauf, nur Stecklinge im unverholzten Bereich des Triebes zu schneiden (siehe Grundlagen der Vermehrung, Seite 10). Ein idealer Steckling ist 5 bis 10 cm lang und hat zwei bis drei Blätter. Schneide zunächst den Kopfsteckling und dann so lange weitere Stecklinge, bis der Stamm verholzt ist oder du ausreichend Stecklinge geschnitten hast. Du solltest dabei deiner Mutterpflanze jedoch mindestens zwei Blätter belassen.
Hast du eine ältere Pflanze, kannst du den Wuchs deiner Pflanze durch gezielte Schnitte beeinflussen. Ein Neuaustrieb bildet sich nach dem Rückschnitt am häufigsten an der Stelle am Trieb, wo das Blatt ist, welches direkt unter der Schnittstelle liegt.

Schritt 2

Pflanze verarzten

Tupfe den weißen Pflanzensaft nach jedem Schnitt behutsam mit einem Papiertuch ab und lege deine Stecklinge auf ein sauberes Tuch, sodass du dir die Wuchsrichtung der Stecklinge leicht merken kannst. Trage dabei Handschuhe, denn der Pflanzensaft kann deine Haut irritieren oder allergische Reaktionen verursachen.

Schritt 3

Blätter entfernen

Entferne bei jedem Steckling die unteren Blätter, so dass dein Steckling in Wuchsrichtung nur ein Blatt ganz oben hat. Lass dabei am Trieb einen kleinen Teil des Blattstiels der zu entfernenden Blätter übrig. Nun halbierst du das am Steckling verbliebene Blatt quer. Tupfe den Pflanzensaft zwischendurch gut ab.

Schritt 4

Schnittstellen behandeln

Tupfe eventuell verbliebenen Pflanzensaft erneut mit einem Papiertuch ab und streue Zimt auf alle offenen Schnittstellen des Triebes und der an den Stecklingen verbliebenen halbierten Blätter. Nun lässt du deine Stecklinge für 15 Minuten antrocknen.

Schritt 5

Ableger eintopfen

Fülle die Anzuchttöpfe 2 cm hoch mit gewaschenem Bims und setze die Ableger in Wuchsrichtung ein. Befülle dann den restlichen Topf. Stelle deine Anzuchttöpfe in die Vermehrungsbox und fülle die Box mit Leitungswasser bis zum Wasserstand. Achte darauf, dass die Blätter sich nicht berühren oder an den Rand der Box stoßen. Schließe die Box, platziere sie an einem hellen Standort auf einer Heizmatte und lüfte sie täglich.

Video zur Vermehrung →

Was passiert nach der Vermehrung?

WARTEN AUF WACHSTUMSZEICHEN

Es kann bis zu 3 Monate dauern, bis dir die Ableger Wachstumszeichen geben. Bis zu diesem Punkt belässt du die Pflanzen in ihrer Box auf der Heizmatte. Bei den Stammstecklingen sind diese Wachstumszeichen Neuaustriebe und beim Kopfsteckling neue Blätter.

ABLEGER AKKLIMATISIEREN

Sobald deine Ableger fest im Topf sitzen, also ausreichend Wurzeln gebildet haben, kannst du sie an die Raumluft gewöhnen. Wenn sich deine Gummibaum-Ableger an die Raumluft gewöhnt und mindestens 2 neue Blätter gebildet haben, kannst du sie umtopfen und an einen passenden Standort stellen. Setze sie entweder in ein Selbstbewässerungssystem in unseren mineralischen Mix (siehe Glossar) oder wähle einen luftigen Erdmix (siehe Glossar). Direkt nach dem Umtopfen düngst du deine Pflanze für mindestens 4 Wochen nicht.

Wachstum ohne Wurzeln

Manchmal bekommt ein Kopfsteckling auch schon neue Blätter, ohne Wurzeln zu bilden. Sei daher beim Kopfsteckling besonders aufmerksam, ob sich auch wirklich Wurzeln gebildet haben.

DER RICHTIGE STANDORT

Der ideale Standort deines Gummibaums sollte möglichst sonnig sein, da der *Ficus elastica* in freier Natur ein riesiger Baum werden kann, der immer der Sonne zustrebt. Sei dir bewusst, dass deine Pflanze mit der Zeit in Richtung des Fensters wachsen wird, denn von dort kommt das Licht. Um die Wuchsrichtung zu beeinflussen, solltest du sie entweder einmal im Monat um 90 Grad drehen oder gezielte Rückschnitte setzen.

Expertentipp von Annabelle:

Wenn du möchtest, kannst du deinen Gummibaum auch im Sommer nach draußen stellen. Achte unbedingt darauf, ihn vorher langsam und über immer länger andauernde Zeitspannen an die Sonne zu gewöhnen. Der Gummibaum bei Annabelles Oma zog jeden Sommer auf den Balkon und entwickelte sich dort prächtig.

Noch mehr Pflegetipps:

WURZELFÄULE VERMEIDEN

Wir haben festgestellt, dass der *Ficus elastica* anfällig für Wurzelfäule wird, sobald die Pflanze zu wenig Licht bekommt und die Erde zu fein ist. Gönne ihr also immer gute Bedingungen, um sie gesund zu halten.

GIEẞEN UND DÜNGEN

Da deine Pflanze mit viel Licht auch viel wächst, benötigt sie ausreichend Nährstoffe von dir. Wir düngen daher bei jedem Gießen, damit die Pflanze optimal mit Nährstoffen versorgt wird. Junge Pflanzen düngst du mit der Hälfte der auf der Flasche angegebenen Düngermenge pro Wassermenge, aufgeteilt auf deine Gießhäufigkeit (siehe Seite 154). Ab einer Höhe von etwa 1,50 m verwendest du die volle empfohlene Düngermenge. Beachte beim Gießen die Bedürfnisse deiner Pflanze. Im Idealfall lässt du die Erde nie vollständig austrocknen. Bei Semihydrokultur gibt's einen Gießanzeiger und spätestens wenn dieser auf Minimum sinkt, braucht die Pflanze wieder Wasser.

Gegen die Pflanzen stupsen

Vier bis sechs Wochen nach dem Einzug in die Vermehrungsbox kannst du zu kontrollieren beginnen, wie fest die Ableger im Bims sitzen. Stupse dafür ganz leicht gegen den Trieb des Ablegers.

Expertentipp von Glenn:

Manchmal wächst der Gummibaum schneller als er sich selbst stützen kann. Hilf ihm also mit einem Stab, so dass er weiterhin aufrecht wachsen kann und ausreichend Halt findet. Mit einem Stab kannst du zudem die Wuchsform deiner Pflanze beeinflussen.

Funktioniert auch bei: *Philodendron* 'Florida Ghost' | *Syngonium podophyllum* | *Ficus altissima* | *Monstera deliciosa* | *Philodendron* 'Paraiso Verde'

Interview Annabelle

Woher kommt deine Liebe zur Botanik?

Bereits als Kind liebte ich es, Pflanzen zu entdecken und sie beim Wachsen zu beobachten. Meine Großmutter besaß einen riesigen Gummibaum, den sie mit Hingabe pflegte und jeden Sommer auf den Balkon hievte. Oft durfte ich ihr dabei helfen, die Blätter abzustauben und die Pflanze zu gießen. Es ist wohl ihre Leidenschaft für Zimmerpflanzen, die mich damals angesteckt hat. Und als ich später mit Glenn zusammen gewohnt habe, entflammte diese Begeisterung erneut.

Wie viele Pflanzen wachsen in deiner Wohnung?

Aktuell wohne ich mit knapp 80 Pflanzen und einigen Stecklingen zusammen. Im Winter wirkt es dabei immer besonders voll, denn dann ziehen einige Pflanzen zum Überwintern vom Balkon in die Wohnung. Da im Winter die Plätze auf den Fensterbänken schnell gefüllt sind, bin ich in meinem kleinen Zuhause auf Pflanzenlampen angewiesen, um lichtärmere Ecken für Pflanzen bewohnbar zu machen.

Woher kennst du Glenn und wie kommt es, dass ihr dieses Buch gemeinsam schreibt?

Glenn und ich haben uns in unserer Jugend kennengelernt und sind seither beste Freunde. Wir haben schon zusammen gewohnt, im gleichen Unternehmen gearbeitet und später Crazyplantboy ins Leben gerufen. Mit unterschiedlichen Herangehensweisen – Glenn ist eher theoretisch, ich eher praktisch – ergänzen wir uns perfekt. Wir saugen Pflanzenwissen wie zwei Schwämme auf und tauschen uns stets aus. Da wir alle Projekte gemeinsam meistern, schreiben wir natürlich auch dieses Buch zusammen.

Wann hast du deine erste Zimmerpflanze vermehrt und welche war das?

Das war, glaube ich, tatsächlich eine Avocado. Mein Papa hat in meiner Kindheit öfter Pflanzen aus Avocadokernen gezogen und mir gezeigt, wie das geht. Ich hab jeden Tag geschaut, ob sich bei dem Kern schon was tut und irgendwann hatte ich einen eigenen kleinen Avocadobaum. Leider wird so ein aus Samen gezogener Avocadobaum keine essbaren Früchte tragen.

Gibt es eine spezielle Zimmerpflanze, die du besonders gerne vermehrst?

Ich vermehre unglaublich gerne Alocasien. Zum einen, weil mich Alocasien einfach faszinieren und zum anderen, weil ich super schnell Erfolge sehe. Es macht mich einfach glücklich, die kleinen Knollen beim Umtopfen herauszusammeln und ihnen beim Austreiben zuzusehen. Ich habe eigentlich immer eine Box mit Babypflanzen und finde es wundervoll ihnen beim Wachsen zuzusehen.

Was machst du eigentlich mit deinen vielen vermehrten Pflanzen?

Entweder ich setze sie zurück zu den Mutterpflanzen, damit die Töpfe voller erscheinen, behalte sie selbst in einem eigenen Topf oder verschenke sie. Da ich eigentlich immer eine Box mit Babypflanzen habe, denn ich kann beim Umtopfen von Alocasien einfach nie widerstehen und gebe wirklich jeder Alocasia-Knolle eine Chance, habe ich direkt auch immer ein ideales Geschenk für meine Lieblingsmenschen. Es macht mir wirklich viel Spaß, jede einzelne Knolle großzuziehen, auch wenn diese dann nicht dauerhaft bei mir bleiben kann.

Wie schaffst du es dich um so viele Pflanzen zu kümmern?

Seitdem ich mir bewusst Zeit für die Pflanzen nehme und versuche, einer eigenen Routine zu folgen, fällt mir die Pflege meines kleinen Dschungels besonders leicht. Einmal pro Woche kontrolliere ich alle Pflanzen und versorge durstige Pflanzen. Da alle meine Pflanzen in Selbstbewässerungssystemen stehen oder zu den Sukkulenten zählen, vertrocknen sie eigentlich nie. Wenn eine meiner Pflanzen besondere Aufmerksamkeit braucht oder ich Schädlinge entdecke, halte ich erst einmal kurz inne und frage mich, ob ich mich sofort darum kümmern muss oder ob ich es auf einen passenderen Zeitpunkt schieben kann. Pflanzen sind meine Leidenschaft und auch wenn einige Projekte zunächst überwältigend wirken, entspannt es mich sehr, mich um meine Pflanzen zu kümmern und meine Zeit mit ihnen zu verbringen.

Wie hältst du deine Katzen davon ab, an den Pflanzen zu knabbern?

Meine Katzen, Simba und Ophelia, haben glücklicherweise kein Interesse an Zimmerpflanzen. Ich habe sie von klein auf an Pflanzen gewöhnt und ihnen viele Alternativen zum Spielen und Knabbern geboten. Zur Sicherheit stehen trotzdem nur ungiftige Pflanzen in ihrer Reichweite. Bei Schnittblumen sieht das allerdings ganz anders aus, da Simba gerne die Gräser zum Spielen herauszieht. Umso praktischer, dass ich Schnittblumen nicht besonders mag.

Hast du eine Lieblingspflanze und was macht sie für dich besonders?

Das ist wirklich nicht leicht zu beantworten, da ich mit all meinen Pflanzen etwas verbinde. Eine Pflanze, die mir jedoch besonders am Herzen liegt, ist mein *Ficus elastica* 'Shivereana'. Mir ist die Züchtung damals durch Zufall in die Hände gefallen, als ich eigentlich einen *Ficus elastica* 'Tineke' kaufen wollte. Bei der Umstellung auf Semihydrokultur ist sie mir an Wurzelfäule gestorben. Zu diesem Zeitpunkt war mir nur eine Person in Europa bekannt, die diese Züchtung besitzt: Glenn. Glenns Pflanze haben wir dann begonnen zu vermehren, damit mindestens seine Pflanze erhalten bleibt. Einer der Ableger ist dann wieder bei mir eingezogen und zaubert mir seitdem jeden Tag ein Lächeln ins Gesicht.

Botanischer Garten Berlin

FÜR ABENTEUER-LIEBENDE

Nun folgen Pflanzen mit aufwendigen Vermehrungsmethoden, bei denen es zu Verlusten kommen kann und die Bewurzelung unterschiedlich lange dauert.

Myrtillocactus geometrizans 'Fukurokuryuzinboku'

Booby Kaktus

Myrtillocactus geometrizans 'Fukurokuryuzinboku'

| Kopfstecklinge

Dieser Kaktus mit dem wohl kompliziertesten Namen ist eine Zuchtform des häufig im Handel erhältlichen *Myrtillocactus geometrizans*. Es handelt sich dabei um eine Züchtung mit monströser Wuchsform (mit abnormem Wuchsverhalten): Der säulenförmige Körper wird von vielen rundlichen Höckern geziert. Diese charakteristischen Kurven erinnern entfernt an die weibliche Brust, weshalb der Kaktus auch den Spitznamen „Booby Kaktus" trägt.
Die Pflanze gehört zu den Kakteengewächsen (Cactaceae) und zählt zu den eher langsam wachsenden Pflanzen, kann jedoch unter den richtigen Pflegebedingungen einige Zentimeter pro Jahr zulegen. Die Höhe der Pflanze wird nur von deiner Geduld und der Deckenhöhe deines Zuhauses beschränkt, da diese Pflanze problemlos mehrere Meter an Höhe erreicht, was jedoch Jahrzehnte dauern kann. Ältere Pflanzen können sich außerdem auch verzweigen, was den Wuchs der Pflanze noch aufregender macht.
Vor einigen Jahren war diese Zuchtform unter Sammelnden heiß begehrt, inzwischen ist sie jedoch zum Glück deutlich einfacher zu finden. Wenn du wie wir gar nicht genug von diesem Kaktus bekommen kannst, kannst du ihn super leicht verdoppeln oder vervielfachen. Um diesen oder auch jeden anderen Säulenkaktus zu vermehren, empfehlen wir ganz einfach Stecklinge zu schneiden. Damit sich das Warten auch lohnt, würden wir immer direkt mehrere Stecklinge schneiden.

Kakteen sind Sukkulenten

Wusstest du, dass alle Kakteen zu den Sukkulenten gezählt werden? Es gibt aber außer den Kakteen auch noch andere sukkulente Pflanzen. Daher sind nicht alle Sukkulenten auch Kakteen.

Glücksgötter im Namen

Der Kaktus wurde nach zwei der sieben japanischen Glücksgöttern benannt, die das Streben nach Glück in Form von Reichtum, Nahrung und einem langen Leben zum Ausdruck bringen. Wörtlich übersetzt bedeutet der Name soviel wie Glück, Leben, Drache, Geist und Baum.

DU BRAUCHST

- Messer
- Zimt
- Anzuchtkiste mit Bims oder Lava
- Heizmatte
- Pflanzenlampe

Vermehrungsdauer: 12 bis 16 Wochen
Erfolgsquote: 100 %

SO VERMEHRST DU DIE PFLANZE

Vermehrung durch Kopfsteckling

Schritt 1

Steckling schneiden

Schneide deinen Steckling idealerweise im Frühjahr oder Sommer. Führe mit einem scharfen Messer einen geraden Schnitt durch. Nun spitzt du deinen Steckling noch auf der Seite an, die später Wurzeln bilden wird. In der Mitte der Schnittstelle kannst du einen sich farblich abhebenden Ring erkennen (Leitbündel). Achte darauf, das Leitbündel beim Anspitzen nicht zu beschädigen. Setze etwa 1 cm über deiner Schnittstelle einen schrägen Schnitt, der vor dem Ring endet. Das Ergebnis sieht fast aus wie ein sehr breit angespitzter Bleistift und fördert die Wurzelbildung direkt aus dem Ring und nicht abgehend vom Rand der Pflanze. Bei Säulenkakteen mit einem sehr großen Durchmesser kannst du deine Kakteen deutlich höher beginnend anspitzen.

Schritt 2

Schnittstellen trocknen lassen

Im Anschluss bestreust du die Schnittstellen mit Zimt und lässt sie gut antrocknen. Du benötigst viel Geduld, denn der Trocknungsprozess kann bis zu 2 Monate dauern. Möchtest du deine Mutterpflanze im Sommer nach draußen stellen, setze einen Schnitt mit einer leichten Schräge auf der Seite, die oben sein wird. So sammelt sich bei fehlendem Unterstand kein Regenwasser in der getrockneten Schnittstelle, da das Wasser besser ablaufen kann.

Schritt 3

Ableger eintopfen

Sobald dein Ableger getrocknet ist, bereitest du deine Anzuchtkiste oder einen Anzuchttopf vor. Setze deinen Ableger wenige Zentimeter tief in dein Anzuchtbehältnis. Sollte er nicht ausreichend Stabilität haben, kannst du ihn mit Stäben stützen. Stelle deinen Ableger nun auf eine Heizmatte unter ein Pflanzenlicht und warte, bis sich Wurzeln oder Neuaustriebe bilden. Alternativ kannst du ihn zum Bewurzeln auch nach draußen stellen.

Schritt 4

Vorsichtig gießen

Deinen Ableger gießt du nach dem Einsetzen in das Anzuchtbehältnis erst einmal nicht. Nach einer Woche kannst du das Substrat nur am Rand leicht befeuchten, sodass der Steckling nicht nass wird. Nach 3 bis 4 Wochen befeuchtest du das Substrat das erste Mal vollständig. Durch leichtes Anstupsen des Ablegers kannst du kontrollieren, ob der Ableger bereits fest im Substrat sitzt und somit als ausreichend bewurzelt einzuschätzen ist.

Video zur Vermehrung →

Was passiert nach der Vermehrung?

WARTEN AUF WACHSTUMSZEICHEN

Sobald dir dein wundervoller Kaktus zeigt, dass er an Höhenwachstum zunimmt, kannst du deiner Pflanze entweder einen einzelnen Topf geben, wenn sie zuvor in der Anzuchtkiste war oder deiner Pflanze einen leicht größeren Topf geben, wenn du sie direkt in einem einzelnen Topf bewurzelt hast.

Der beste Zeitpunkt

Der ideale Zeitpunkt für die Vermehrung über Stecklinge ist der Frühlingsanfang. So sind sie spätestens bis zum Ende des Frühlings ausreichend getrocknet und zum Ende des Herbstes hast du vollständig bewurzelte Ableger, die bereits an Höhe zugelegt haben.

SUBSTRAT UND TOPF WÄHLEN

Wie viele andere sukkulente Pflanzen auch ist dieser Kaktus ideal an Trockenheit angepasst und sollte daher keinesfalls in handelsüblicher Blumenerde gehalten werden. Wähle am besten einen unglasierten Terrakottatopf, der das Substrat zusätzlich schneller trocknen lässt, und verwende entweder eine torffreie Erde für Sukkulenten und Kakteen, in welche du mittelgroben Bims mischst. Oder du nimmst direkt unser vorgemischtes Substrat für sukkulente Pflanzen (siehe Glossar). Orientiere dich bei der Wahl der optimalen Topfgröße an der Größe deiner Pflanze: Der Topf sollte immer so groß sein, dass deine Pflanze ausreichend Halt im Topf finden kann.

DER RICHTIGE STANDORT

Dein Booby Kaktus liebt einen sonnigen Standort; ideal sind mindestens 4 Stunden direkte Sonne pro Tag. Bei weniger geeigneten Standorten wächst deine Pflanze nicht ausreichend breit und kann sich mit den Jahren zu neigen beginnen. Solltest du einfach keinen besseren Standort in deiner Wohnung haben und möchtest dich dennoch an dieser Pflanze erfreuen, kannst du bei einer instabilen Pflanze einfach einen neuen Kopfsteckling schneiden, sodass dein neuer Ableger wieder ausreichend Halt im Topf finden kann. Im Sommer kannst du deinen Kaktus auch nach draußen stellen. So wächst er besonders breit. Gewöhne deine Pflanze sehr langsam ans Sonnenlicht, um Verbrennungen an ihr zu vermeiden. Durch eine langsame Gewöhnung an das Sonnenlicht baut sie ihren natürlich gegebenen Sonnenschutz wieder auf.

Noch mehr Pflegetipps:

GIEẞEN UND DÜNGEN

Gieße deine Pflanze erst, wenn das Substrat vollständig trocken ist. Am besten hebst du den Topf an, wenn das Substrat komplett trocken ist und dann noch einmal, wenn du deine Pflanze gegossen hast, um das jeweilige Gewicht abschätzen zu können. Ist dein Topf wieder so leicht wie zu dem Zeitpunkt, als das Substrat gänzlich trocken war, kannst du deine Pflanze wieder gießen. Wir gießen unsere Pflanzen von Frühling bis Herbst etwa alle 2 Wochen. Beim Gießen verwenden wir die Hälfte der empfohlenen Düngermenge eines Düngers für Sukkulenten und Kakteen und teilen diese auf unsere Gießhäufigkeit auf (siehe Seite 154).

BEI SCHÄDLINGEN UNBELIEBT

Schädlinge an einem Booby Kaktus sind extrem selten – unsere Pflanzen blieben bisher schädlingsfrei. Am wahrscheinlichsten sind Schildläuse, die du mit einem in Alkohol getränkten Wattestäbchen abwischst.

Expertentipp von Annabelle:

Solltest du deinen Kaktus ohne Pflanzenlampe überwintern, stelle ihn kühl und trocken bei über 10 °C. In dieser Zeit gießt du deinen Booby Kaktus nur sehr sparsam alle 2 Monate. Bei niedrigen Temperaturen und ohne Wachstum deiner Pflanze kannst du das Düngen komplett einstellen.

Funktioniert auch bei: *Cereus repandus* | *Pachycereus pringlei* | *Lophocereus marginatus* | *Carnegiea gigantea*

Alocasia reginula

Elefantenohr

Alocasia reginula

| | | Knollen

Die *Alocasia* gehört zur Familie der Aronstabgewächse (Araceae) und erobert mit ihren markanten Blättern das Zuhause pflanzenliebender Personen. Ihre großen, meist herzförmigen Blätter mit aufregender Maserung und intensiver Färbung sind ein wahrer Blickfang und so manche Züchtung ist einfach atemberaubend – so auch die *Alocasia reginula*, mit ihren dunklen, samtigen Blättern. Lange wurde vermutet, dass es sich bei dieser Pflanze um eine Züchtung handelt, daher wird die Pflanze fälschlicherweise oft auch als *Alocasia reginula* 'Black Velvet' verkauft. Tatsächlich ist sie eine eigene Art, die bisher nur an einem Ort der Welt gefunden wurde. Es gibt zahlreiche verschiedene *Alocasia*-Arten und Züchtungen, so dass es sicher auch bei dir Zuhause nicht nur bei einer *Alocasia* bleibt.
Der Name Elefantenohr bezieht sich auf die riesigen Blätter mancher Arten, die fast so groß wie die Ohren von Elefanten werden. Es gibt sogar Bilder von Personen, die bei Unwettern unter dem Blatt einer *Alocasia* Schutz vor dem Regen suchen oder ein *Alocasia*-Blatt als Regenschirm verwenden. Deine *Alocasia* zeigt dir leider direkt, wenn ihr etwas in deinem Zuhause nicht passt und gilt daher als eher anspruchsvolle Zimmerpflanze.
Elefantenohren stammen ursprünglich aus den tropischen und subtropischen Gebieten Asiens und Ost-Australiens. Das natürliche Verbreitungsgebiet der *Alocasia reginula* begrenzt sich dabei auf ein einziges Naturschutzgebiet in Malaysia auf der Insel Borneo. Bei dem einzig bekannten Standort handelt es sich um trockene, sehr schattige Kalksteinfelsen. Dort treten oft und heftig Regenfälle bei konstanten Temperaturen zwischen 23 und 32 °C auf.
Die Vermehrung der *Alocasia* ist besonders leicht, da die Pflanze kleine Babys in Form von Knollen ausbildet, welche verbunden mit der Mutterpflanze unter der Erde versteckt liegen und von dir einfach herausgesammelt werden können. Diese Knollen sind größtenteils genetisch identisch mit der Mutterpflanze, wodurch die Eigenschaften der Mutterpflanze erhalten bleiben. Dies funktioniert selbst bei Alocasien mit Variegation.

Passt in jedes Zuhause

Je nach Zuchtform bleibt deine *Alocasia* handlich oder kann sehr schnell eine stattliche Größe erreichen. Die *Alocasia reginula* bleibt eher kompakt und eignet sich somit ideal für jedes Zuhause.

DU BRAUCHST

- Umtopfmatte
- Anzuchttopf (5 cm)
- Perlit
- Vermehrungsbox
- Heizmatte
- Sieb

Vermehrungsdauer: 4 bis 8 Wochen
Erfolgsquote: 90 %

SO VERMEHRST DU DIE PFLANZE

Vermehrung durch Knollen

Schritt 1

Auf Knollensuche gehen

Hole deine Pflanze aus ihrem Topf und lege vorsichtig das Wurzelwerk auf einer Umtopfmatte frei. Dabei achtest du besonders auf rundliche und feste Knubbel, die etwa so groß wie eine Haselnuss sind. Dies sind die Knollen deiner *Alocasia*, die du heraussammelst. Du kannst die Knollen durch behutsames Wackeln vorsichtig von der Mutterpflanze lösen. Manchmal sind die Knollen schon losgelöst oder zeigen sich in Stammnähe der Mutterpflanze bereits mit einem ersten Blatt. Die Mutterpflanze setzt du wieder in ihren Topf zurück.

Schritt 2

Knollen reinigen und eintopfen

Unter Leitungswasser reinigst du die Knollen in einem Sieb, damit sie dir nicht aus Versehen in den Abfluss fallen. Die Knollen sollten möglichst frei von Erdresten sein. Nachdem du sie gereinigt hast, befüllst du kleine Anzuchttöpfe vollständig mit zuvor gewaschenem Perlit. Unserer Erfahrung nach ist das häufig empfohlene Schälen der Knolle nicht notwendig.

Schritt 3

Den Dreh herausfinden

Die ovale Knolle hat eine obere und eine untere Seite. Die obere Seite erkennst du an der kleinen Spitze und die untere Seite ist dort, wo die Pflanze mit der Mutterpflanze verbunden war. Mit der Spitze nach oben drückst du die Knolle nun leicht in das Perlit, allerdings so, dass die Spitze nicht von Perlit bedeckt ist.

Schritt 4

Knollen warm betten

Die Knollen sind nun bereit, in die Vermehrungsbox zu ziehen. Am besten funktioniert die Vermehrung der *Alocasia* in einer Vermehrungsbox auf einer Heizmatte. Durch tägliches Lüften sinkt das Risiko, dass Knollen schimmeln. Falls du doch mal Schimmel entdecken solltest, bekämpfst du ihn mit schwach dosiertem Wasserstoffperoxid (siehe Glossar). Überprüfe regelmäßig, ob alle Knollen auch weiterhin fest sind. Matschige Knollen solltest du mit ihrem Topf aus der Box entfernen.

Schritt 5

Auf Blätter warten

Die kleinen Alocasien verbleiben so lange in der Vermehrungsbox auf der Heizmatte, bis die Pflanzen jeweils mindestens 2 Blätter haben. Um die Pflanzen in ihrem Höhenwachstum nicht einzuschränken, solltest du eine Box verwenden, die mindestens 28 cm hoch ist. Alternativ kannst du deine Pflanzen auch in eine größere Box setzen, sobald sich ein erstes Blatt bildet. Hat deine Pflanze 2 oder mehr Blätter, kannst du sie an die Raumluft gewöhnen (akklimatisieren) und die Vermehrung ist abgeschlossen.

Video zur Vermehrung →

Was passiert nach der Vermehrung?

ALOCASIA-BABYS IN EIN GEEIGNETES SUBSTRAT TOPFEN

Nachdem du deine Pflanzen an die Raumluft gewöhnt hast, kannst du nun deine Pflanze in ihr zukünftiges Substrat setzen. Dies kann entweder ein luftiger Erdmix (siehe Glossar) oder ein rein mineralisches Substrat (siehe Glossar) sein. Das Substrat deiner Pflanze sollte ständig feucht sein, jedoch nicht nass und ist im Idealfall schön luftig. Alocasien werden oft in sehr feiner Blumenerde verkauft und neigen in dieser zu Wurzelfäule. Um dies zu vermeiden, halten wir alle unsere Alocasien in Selbstbewässerungssystemen mit rein mineralischem Substrat. Stell die *Alocasia* noch eine Weile nach der Übertragung in ein Selbstbewässerungssystem auf eine Heizmatte, dies hilft ihr bei der Wurzelbildung. Beachte, dass Wasser durch die Heizmatte schneller verdunstet. Behalte also den Wasserstand im Blick.

Blattverlust verstehen

Es kann sein, dass eine Pflanze durch das Umtopfen Blätter verliert. Das ist ein ganz normaler Prozess – Alocasien werfen häufig ein oder zwei untere Blätter nach dem Umtopfen ab.

ALOCASIA-BABYS AN ERDE GEWÖHNEN

Solltest du deine *Alocasia* nach der Anzucht in einen luftigen Erdmix setzen wollen, nimmst du keinen Wechsel von Perlit auf einen gröberen mineralischen Mix vor. Stattdessen belässt du sie bis zu ihrem dritten bis vierten Blatt in Perlit. Erst danach überträgst du sie in einen luftigen Erdmix.

DER RICHTIGE STANDORT

Wie viele tropische Pflanzen bevorzugt deine Alocasia eine hohe Luftfeuchtigkeit und warme Temperaturen. Stell sie an einen halbschattigen Standort mit wenigen Stunden direktem Sonnenlicht, oder unter eine Zusatzlampe. Achte auf ausreichend Abstand zur Pflanzenlampe, da die Wärme die Luftfeuchtigkeit senken und das Risiko von Spinnmilben erhöhen kann. Die ideale Luftfeuchtigkeit liegt zwischen 50 und 60 %.

Noch mehr Pflegetipps:

GIEßEN UND DÜNGEN

Lass das Substrat deiner *Alocasia* niemals austrocknen, halte das Substrat jedoch auch nicht nass. Je nach Größe deiner Pflanze kannst du die Düngergaben anpassen. So benötigt eine große *Alocasia macrorrhiza* beispielsweise mehr Dünger im Vergleich zu einer *Alocasia reginula*. Für kleinere Pflanzen ist die Hälfte der empfohlenen Düngermenge, aufgeteilt auf deine Gießhäufigkeit (siehe Seite 154), fast immer ausreichend. Eine groß wachsende *Alocasia* verträgt je nach Standort die volle empfohlene Düngermenge.

Abhilfe bei Wurzelfäule

Sollten die Wurzeln deiner *Alocasia* an irgendeinem Punkt nach der erfolgreichen Bewurzelung der Knolle faulen, entferne die fauligen Wurzeln großzügig und bewurzle die Knolle erneut, indem du wieder mit Schritt 2 der Vermehrung beginnst. Entferne dazu bis auf das obere Blatt alle Blätter an deiner Pflanze.

ALOCASIEN UND SCHÄDLINGE

Neben Wurzelfäule ist ein Befall mit Spinnmilben am häufigsten. Thripse sind auch möglich. Spinnmilben treten sehr häufig bei falschen Standorten oder geringer Luftfeuchtigkeit auf. Behandle deine *Alocasia* vorbeugend mit einem Neemöl-Emulgator-Wasser-Gemisch (siehe Glossar). Bei einem starken Schädlingsbefall entfernst du alle betroffenen Blätter und behandelst deine Pflanze mit einem entsprechenden Schädlingsbekämpfungsmittel.

Expertentipp von Annabelle:

Achte bei Schädlingsbefall darauf, dass sich neue Blätter nur aus dem vorherigen oberen Blattstiel bilden. Hier schneidest du lediglich die Blattfläche und nicht den Blattstiel ab. Alle anderen Blätter kannst du komplett auch mit dem Blattstiel entfernen, sollte dies bei einem Schädlingsbefall notwendig sein.

Funktioniert auch bei: *Colocasia esculenta* | *Caladium bicolor* | *Oxalis triangularis* | *Alocasia micholitziana* | *Alocasia baginda*

Curio rowleyanus

Erbsenpflanze

Curio rowleyanus

☼ | 💧 | ⚠ | Absenker

Bei dieser Pflanze sieht es so aus, als ob Erbsen an einer Schnur wachsen würden und daher wird sie im Englischen auch „String of Pearls" genannt. Allerdings handelt es sich, anders als der Name vermuten lässt, nicht um Erbsen, sondern um die kleinen kugelrunden Blätter der Pflanzen, welche nicht für den Verzehr geeignet sind. Ihre Triebe sind relativ zart und können abbrechen, weswegen ein vorsichtiger Umgang geboten ist. Ihr botanischer Artname *rowleyanus* ehrt den britischen Sukkulentenspezialisten Gordon Douglas Rowley.
Die Pflanze gehört zu den Korbblütlern (Asteraceae) und kommt ursprünglich aus Südafrika. Dort wächst sie oft im Schutz von Büschen oder Felsen, die sie vor der starken Sonne schützen. Ihr natürlicher Standort ist also gleichmäßig warm, hell und hat eine geringe Luftfeuchtigkeit. Angeblich verschenkte ein südafrikanischer Botaniker ein Exemplar nach England, wodurch die Pflanze weltweit beliebt wurde.
Das Wurzelsystem dieser Pflanze ist eher schwach ausgeprägt, sodass die Wurzeln sehr flach und dicht unter der Erdoberfläche verlaufen. Die runde Blattform ist eine ideale Anpassung an die trockene Herkunft der Pflanze: Eine Kugel hat im Vergleich zu anderen Körpern einen größtmöglichen Inhalt bei kleinstmöglicher Oberfläche. Dieses Prinzip schützt die Pflanze vor übermäßiger Verdunstung. Einen Wassermangel signalisiert dir die Erbenspflanze, indem die kleinen Kugeln schrumpelig werden.
Unserer Meinung nach kommt die Pflanze am besten zur Geltung, wenn ihre Triebe über den Topfrand herabhängen. Bei dir Zuhause können diese problemlos 1 m lang werden. Über diese langen Triebe kannst du deine Pflanze auch ganz leicht vermehren. Das funktioniert übrigens ganzjährig.

Blühende Erbsen

Die Pflanze kann sogar blühen, dafür solltest du sie bei 12 °C überwintern. Kälter als 8 °C sollte es definitiv nicht für die Pflanze werden.

DU BRAUCHST

- einen kleinen Terrakottatopf
- feinen Bims
- Schere
- Heizmatte (optional)
- Pflanzenlampe (optional)

Vermehrungsdauer: 8 bis 12 Wochen
Erfolgsquote: 70 %

SO VERMEHRST DU DIE PFLANZE

Vermehrung durch Absenker

Schritt 1

Anzuchttopf vorbereiten

Als Anzuchttopf nimmst du dir am besten einen kleinen Terrakottatopf, bedeckst das Loch mit einem passenden Stein oder einer Tonscherbe, damit das Substrat nicht herausrieselt, und füllst den Topf mit feinem Bims vollständig auf. Richte dich bei der Topfgröße nach der Größe deines Triebes, den du zur Vermehrung nutzt.

Schritt 2

Absenker eintopfen

Nimm dir ein oder zwei Triebe deiner Pflanze (ohne sie von der Mutterpflanze zu trennen) und lege diese über eine kleine Mulde auf das Substrat im Anzuchttopf, sodass die Triebe quer über das Substrat verlaufen. Anschließend bedeckst du die Triebe behutsam. Nach einer Woche befeuchtest du den feinen Bims erstmalig. Stelle beide Töpfe an den ursprünglichen Standort der Mutterpflanze zurück und pflege sie wie gewohnt. Solltest du über keinen geeigneten Standort verfügen oder die Pflanze in einer kühleren Jahreszeit vermehren wollen, stellst du die Pflanzen einfach unter eine Pflanzenlampe auf eine Heizmatte. Achte darauf, dass das Substrat der Pflanzen dann schneller austrocknet, da durch die Heizmatte deutlich mehr Wasser verdunstet.

Schritt 3

Ableger abschneiden

Nach ungefähr 1 Monat kannst du durch leichtes Ziehen an den Trieben kontrollieren, ob sich erste Wurzeln gebildet haben. Gib deiner Pflanze mehr Zeit, wenn sich noch keine Wurzeln gebildet haben sollten. Sobald du einen Widerstand spürst, kannst du die Triebe mit einer Schere von der Mutterpflanze trennen und hast die Pflanze erfolgreich vermehrt.

Expertentipp von Glenn:
Die Erbsenpflanze lässt sich auch über Samen vermehren, was aber deutlich komplexer im Vergleich zu unserer Methode ist. Nachdem die Blüten bestäubt sind, schrumpfen sie und ähneln der Pusteblume eines Löwenzahns. Am Ende der einzelnen Büschel sitzen dann die Samen, welche zur Vermehrung genutzt werden können.

Video zur Vermehrung →

Was passiert nach der Vermehrung?

SUBSTRAT UND TOPF WÄHLEN

Damit sich die Wurzeln deiner Pflanze wohlfühlen, empfehlen wir dir auch nach der Vermehrung feinen Bims – handelsübliche Blumenerde ist meist viel zu lange viel zu feucht und erhöht somit das Risiko für Wurzelfäule erheblich. Deine *Curio rowleyanus* benötigt auch unbedingt einen unglasierten Terrakottatopf, da sie besonders anfällig für Wurzelfäule ist und dein Substrat nicht länger als wenige Tage feucht bleiben sollte. Bei einem unglasierten Terrakottatopf kann das Gießwasser durch die feinen Poren des Topfes aufgenommen werden und verdunstet dann schneller.

Expertentipp von Annabelle:
Du kannst deine Erbsenpflanze auch zusammen mit anderen Sukkulenten in einem Topf kombinieren. Wähle hierfür eine ebenfalls trockenheitsliebende Pflanze und einen möglichst hohen Topf, damit das herabhängende Erscheinungsbild der Erbsenpflanze besonders gut zur Geltung kommt.

DER RICHTIGE STANDORT

Platziere deine Pflanze an einem sonnigen Standort mit so vielen Sonnenstunden wie möglich. Die Luftfeuchtigkeit sollte 40 % nicht überschreiten. Im Sommer kannst du deine Pflanze auch nach draußen stellen, nachdem du sie langsam an die direkte Sonne gewöhnt hast. Sei dabei besonders geduldig, denn Pflanzen verlieren in deinem Zuhause ihren Schutz vor Sonnenstrahlen und können einen Sonnenbrand bekommen. Durch eine langsame Gewöhnung an das Sonnenlicht baut sich der Sonnenschutz wieder auf. Bei direkter Sonne wächst deine Pflanze besonders schnell.

Noch mehr Pflegetipps:

GIEẞEN UND DÜNGEN

Wenn du jemand bist, der häufig vergisst, seine Pflanze zu gießen, ist die Erbsenpflanze bei dir genau richtig. Spätestens wenn ihre Blätter schrumpelig werden, solltest du die Pflanze jedoch mit Wasser versorgen. Versuche dies allerdings zu vermeiden, denn die flachen Wurzeln deiner Pflanze können absterben, wenn du deiner Pflanze zu lange Wasser vorenthältst. Dies macht die Pflege der Pflanze langfristig aufwendiger, denn entweder ist das Substrat dann zu feucht oder zu trocken. Deine Erbsenpflanze besser kennenzulernen und den idealen Mittelweg beim Gießen zu finden, ist also die Herausforderung in ihrer Pflege.

Licht von oben

Wenn du deine Pflanze hängend hältst, solltest du unbedingt darauf achten, dass sie ausreichend Licht von oben bekommt. Ansonsten verliert die Erbsenpflanze ihre wurzelnahen Blätter und erscheint dann ganz kahl.

WURZELFÄULE VERMEIDEN

Der Hauptgrund, warum eine Erbsenpflanze in deinem Zuhause nicht überlebt, sind faulende Wurzeln. Ein idealer Topf für diese Pflanze besteht aus unglasiertem Ton und ist möglichst hoch, was in Kombination mit einem durchlässigen Substrat Wurzelfäule optimal vorbeugt. Bei ungünstigen Standorten kann es zu Wollläusen kommen. Behandle deine Pflanze sprühend mit einem entsprechenden ölfreiem Mittel. Öl auf den Blättern mag deine Erbsenpflanze gar nicht.

Expertentipp von Glenn:

Sollten alle Wurzeln abgestorben sein, kannst du die Pflanze aus ihrem Topf heben, die restlichen Pflanzenteile für einen Tag trocknen und die Pflanze dann erneut in einem kleinen Topf mit feinem Bims bewurzeln.

Funktioniert auch bei: *Curio citriformis* | *Curio radicans* | *Peperomia prostrata* | *Dendrophorbium peregrinum* | *Scindapsus pictus*

Monstera deliciosa 'Variegata'

Fensterblatt

Monstera deliciosa

☼ | 💧💧 | ⚠ | Abperliten

Die *Monstera delciosa* 'Variegata' ist eine begehrte Zuchtform des beliebten Fensterblatts mit auffälligen weißen Sprenkeln am Stamm und auf den Blättern (Variegation). Da die Variegation unterschiedliche Schichten des Blattes betreffen kann, kann ein Blatt auf der Vorderseite weiß erscheinen, auf der Rückseite jedoch grün bleiben. Dadurch ergibt sich eine Vielzahl an atemberaubenden Musterungen. Ursprünglich kommt die *Monstera deliciosa* aus tropischen Wäldern Mittel- und Südamerikas, mittlerweile ist sie jedoch in Wohnungen und Gärten auf der ganzen Welt verbreitet.

Die *Monstera deliciosa* zählt zu den Aronstabgewächsen (Araceae) und ist ein Hemiepiphyt. Sie startet ihr Leben also in den Baumkronen. Dabei geben ihr die langen Luftwurzeln Halt und versorgen die Pflanze mit Wasser und Nährstoffen. Erst später erreichen die Wurzeln irgendwann den Waldboden. In ihrer natürlichen Umgebung klettert die *Monstera* Bäume empor und kann eine beachtliche Größe erreichen.

Die Blätter verändern dabei mit dem Alter der Pflanze ihr Erscheinungsbild. Zunächst sind die Blätter vollständig geschlossen. Im Anschluss bilden die Blätter Schlitze, welche im weiteren Wachstumsverlauf durch Einkerbungen und Löcher ergänzt werden. Dies nennt sich Fenestrierung. Geschlossene Blätter zählen zu den Blattmerkmalen junger (juveniler) Pflanzen. Einkerbungen und Schlitze zählen zu den Blattmerkmalen ausgewachsener (adulter) Pflanzen.

Ein gezielter Rückschnitt deiner Pflanze kann die Variegation erhalten. Die Pflanze hat durch die Variegation tatsächlich keinen Vorteil, denn den weißen Teilen des Blattes fehlt das für die Energiegewinnung wichtige Chlorophyll. Der Rückschnitt ist der ideale Moment zum Schneiden von Stecklingen. Pflanzen, die adulte Merkmale zeigen, können durch den Rückschnitt wieder in ihr juveniles Stadium fallen. Um dem vorzubeugen, sollten Kopfstecklinge möglichst groß sein und im Idealfall erst vollständig bewurzelt von der Mutterpflanze entnommen werden. Wie wir dies schaffen, verraten wir dir auf den nächsten Seiten.

Blätter mit Durchblick

Die umgangssprachliche Bezeichnung Fensterblatt bezieht sich auf die adulte Blattform, da es so erscheint, als hätte die Pflanze viele kleine einzelne Fenster, die den darunterliegenden Blättern einen Sonneneinfall ermöglichen.

DU BRAUCHST

- Perlit
- Plastiktüte
- Verschluss-Clips
- Messer
- Zimt
- Anzuchttopf

Vermehrungsdauer: 6 bis 8 Wochen
Erfolgsquote: 90 %

SO VERMEHRST DU DIE PFLANZE

Vermehrung durch Abperliten

Schritt 1

Abperliten vorbereiten

Suche dir am Trieb deiner Pflanze einen Knoten mit Luftwurzeln oder Luftwurzelansätzen. Dein Steckling sollte später mindestens 1 Blatt haben. Wenn du einen Kopfsteckling entnimmst, sollte dieser Steckling 3 bis 4 Blätter haben. Drehe dir deine Pflanze so, dass der Trieb der Pflanze für dich gut erreichbar ist. Lege die Plastiktüte auf deine hohle Hand und platziere etwas befeuchtetes Perlit in der Kuhle der Tüte. Durch das Abperliten verringerst du das Risiko, den späteren Ableger zu verlieren, da dein Ableger vor dem Entfernen von der Mutterpflanze bereits vollständig bewurzelt ist. Das funktioniert übrigens auch mit Sphagnum-Moos.

Schritt 2

Tüte platzieren

Platziere die Tüte mit dem Perlit um die gewünschte Stelle, sodass das Perlit den Triebabschnitt der Pflanze umhüllt. Fülle die Stelle so lange mit Perlit auf, bis der Trieb und die Luftwurzeln rundherum mit Perlit bedeckt sind. Nun ziehst du die Tüte straff und versuchst sie so zu falten, dass sie das gesamte Perlit umschließt und möglichst eng am Trieb sitzt. Achte darauf, in Wuchsrichtung einen schmalen Spalt zu lassen und verschließe das Ende der Tüte mit Verschluss-Clips.

Schritt 3

Perlit feucht halten

Stelle die Pflanze ausreichend warm und halte das Perlit stets feucht, indem du es durch den Spalt befeuchtest. Nach etwa 2 Wochen solltest du erste Wurzeln im Perlit erkennen können. Sobald die Wurzeln mindestens 5 cm lang sind, kannst du deinen Steckling von der Mutterpflanze trennen.

Schritt 4

Steckling schneiden

Schneide mit dem Messer zwischen dem eingepackten Knoten und dem Knoten darunter. Achte dabei darauf, dass dein Steckling ausreichend Trieblänge hat. Die Schnittstellen bestreust du anschließend großzügig mit Zimt und lässt sie kurz antrocknen. Nun kannst du dem bewurzelten Ableger einen eigenen Topf geben. Orientiere dich bei der Topfgröße an den entstandenen Wurzeln und der Größe deines Ablegers.

Expertentipp von Annabelle:

Deine Pflanze kann während ihres Wachstums ihre weißen Farbtupfer verlieren, also ergrünen. Durch einen Rückschnitt kannst du die Variegation erhalten.

Video zur Vermehrung →

Was passiert nach der Vermehrung?

SUBSTRAT UND TOPF WÄHLEN

Wie alle Aronstabgewächse bevorzugt die *Monstera deliciosa* 'Variegata' ein luftiges Substrat. Hierfür empfehlen wir dir entweder einen luftigen Erdmix (siehe Glossar) in Kombination mit einem Terrakottatopf oder einen groben mineralischen Mix (siehe Glossar) in Kombination mit einem Selbstbewässerungssystem. Beide Substrate sind ideal für deine Pflanze geeignet. Wähle einen Topf, der einen Durchmesser von mindestens 15 cm hat. Sollten die Wurzeln deines Ablegers bereits sehr ausladend sein, kannst du auch einen größeren Topf wählen. Gib deiner Pflanze direkt einen Rankstab, welcher im Idealfall entweder sehr breit oder befüllbar ist. Dies unterstützt deine Pflanze, besonders schnell große Blätter zu bilden.

Luftwurzeln umlenken

Lenke Luftwurzeln, die am Topf vorbei wachsen, wieder in Richtung des Topfes. So müssen sie nicht von dir abgeschnitten werden.

Expertentipp von Glenn:

Damit die Variegation des Blattes nicht braun wird, braucht es eine Luftfeuchtigkeit von um die 60 % und eine dauerhafte Wasserverfügbarkeit.

DER RICHTIGE STANDORT

Der perfekte Standort in deinem Zuhause schenkt deiner Pflanze mindestens 2 Stunden direkte Sonne pro Tag. Mehr Sonnenstunden sind ideal. Sorge für ausreichend Luftbewegung in geschlossenen Wohnräumen, wenn deine *Monstera deliciosa* 'Variegata' einen Standort mit mehr als 6 Sonnenstunden hat. Im Sommer kannst du deine Pflanze nach draußen stellen, nachdem du die Pflanze 2 Wochen lang an das direkte Sonnenlicht gewöhnt hast. Dies fördert einen besonders kompakten Wuchs deiner Pflanze.

Noch mehr Pflegetipps:

GIEẞEN UND DÜNGEN

Lass das Substrat deiner Pflanze niemals austrocknen. Es sollte immer feucht, aber nie nass sein. Wächst deine Pflanze an einem befüllbaren Rankstab, würden wir die Pflanze nur über den Rankstab gießen. Dünge deine Pflanze bei jedem Gießen mit der Hälfte der empfohlenen Düngermenge aufgeteilt auf deine Gießhäufigkeit (siehe Seite 154).

Blätter entstauben

Die großen Blätter deiner Pflanze sind ideale Staubfänger. Der Staub legt sich als Schicht über das Blatt und schränkt die Energiegewinnung der Pflanze ein. Entstaube daher dein Blatt regelmäßig mit einem trockenen Tuch oder Staubwedel.

FENSTERBLÄTTER UND SCHÄDLINGE

Spinnmilben, Thripse und Schildläuse können häufig auftreten. Sprühe deine Pflanze daher vorbeugend mindestens alle 2 Monate mit einem schwach dosierten Neemöl-Emulgator-Wasser-Gemisch (siehe Glossar) ein. Ein schwacher Schädlingsbefall lässt sich so ebenfalls behandeln. Schneide betroffene Pflanzenteile bei einem stärkeren Schädlingsbefall komplett ab und verwende ein entsprechendes Schädlingsbekämpfungsmittel.

Expertentipp von Annabelle:
Am schnellsten wächst deine Pflanze bei einer Temperatur von 30 °C und einer Luftfeuchtigkeit ab 60 %. Diese Bedingungen sind jedoch im Wohnraum aufgrund des Schimmelrisikos nicht erreichbar. Hierfür eignen sich Vitrinen oder Pflanzenzelte. Vitrinen sind langfristig jedoch ungeeignet, denn die Blätter deiner Pflanze können riesig werden.

Funktioniert auch bei: *Monstera adansonii* | *Philodendron verrucosum* | *Monstera* 'Esqueleto' | *Anthurium forgetii* | *Philodendron* 'Paraiso Verde'

Anthurium forgetii 'White Stripes'

Flamingoblume

Anthurium forgetii

| | | Abmoosen

Mit etwa 1000 Arten zählt das *Anthurium* zu einer der größten Gattungen der Familie der Aronstabgewächse (Araceae). Anthurien lassen sich ganz „unbotanisch" in zwei Hauptgruppen einteilen: blühende Anthurien und Blattanthurien. Blühende Anthurien haben leuchtend farbige Hochblätter, die an den Blütenständen sitzen und wie Blüten aussehen. Blattanthurien wiederum haben auffällig große, tiefgrüne, oft herzförmige Blätter mit erstaunlichen Farben oder Blattadern. Die meisten Arten stammen aus Süd- und Mittelamerika, wo sie entweder als Epiphyt, zum Beispiel an einem Baum, oder am Waldboden wachsen.

Diese sowieso schon sehr artenreiche Gattung wird mittlerweile durch viele spannende Kreuzungen ergänzt. *Anthurium forgetii* 'White Stripes' ist ein Hybrid aus *Anthurium crystallinum* und *A. forgetii*. Beide Arten haben unauffällige Hochblätter, dafür sind jedoch die Blätter außergewöhnlich gemustert.

Farbenprächtige Vielfalt

Die farbenfrohen Hochblätter mancher Arten der Gattung *Anthurium* verleihen der Pflanze ihren Trivialnamen Flamingoblume und erscheinen typischerweise rot, rosa oder weiß.

Wie *A. forgetii* hat *A. forgetii* 'White Stripes' ein eher tränenförmiges Blatt, dem der sonst so typische Sinus fehlt (der Raum zwischen den Blattlappen oben am Blatt). Die charakteristischen feinen, silbrigen Blattadern auf den schimmernden, dunkelgrünen Blättern sind namensgebend für die Züchtung und bilden einen auffälligen Kontrast.

Das natürliche Verbreitungsgebiet der Art *Anthurium forgetii* ist Kolumbien. Hier wächst die Pflanze als Epiphyt hauptsächlich in tropischen Regenwäldern, wo sie an Wärme und hohe Luftfeuchtigkeit gewöhnt ist. Das *Anthurium forgetii* wächst nur langsam und braucht mehrere Wochen für ein neues Blatt. Die Blätter bleiben mit einer Größe von 20 bis 30 cm relativ kompakt, weswegen sich die Pflanze hervorragend für kleine Räume eignet.

Anthurien eignen sich hervorragend, um das Bestäuben von Blütenständen zu üben, die Pflanze über Samen zu vermehren oder unterschiedliche Arten miteinander zu kreuzen. Durch das Kreuzen unterschiedlicher Arten bleiben die Eigenschaften der Mutterpflanze allerdings nicht erhalten. Eine weitere Vermehrungsmethode ist das Abmoosen des Triebes. Hierdurch bekommst du nicht nur direkt einen bewurzelten Ableger, sondern auch eine nahezu identische Kopie deiner Mutterpflanze.

DU BRAUCHST

- Sphagnum-Moos
- Plastiktüte
- Verschluss-Clips
- Messer
- Zimt

Vermehrungsdauer: 5 bis 8 Wochen
Erfolgsquote: 90 %

SO VERMEHRST DU DIE PFLANZE

Vermehrung durch Abmoosen

Schritt 1

Moos vorbereiten

Vor der Erstverwendung muss dein Sphagnum-Moos vollständig befeuchtet werden. Sobald das Moos mit Wasser vollgesogen ist, wringst du es noch einmal vorsichtig aus. Es sollte weder zu feucht, noch zu trocken sein. Das perfekte Moos krümelt und tropft nicht. Wir mischen gerne einen Teil Sphagnum-Moos mit einem Teil Perlit, so bleibt es luftiger und verdichtet nicht. Bitte gehe mit der wertvollen Ressource Sphagnum-Moos sparsam um und verwende es im Anschluss erneut.

Schritt 2

Moos drapieren

Drapiere das Moos am Trieb deines Anthuriums um einen Knoten. Belasse deiner Mutterpflanze mindestens einen 5 cm langen Triebabschnitt. Den gesamten darüber liegenden Teil des Triebs kannst du zur Vermehrung nutzen. Achte unbedingt darauf, dass der Trieb von allen Seiten von Moos bedeckt ist. Verwende das Moos hier ruhig großzügig, damit es später nicht zu schnell trocknet. Im Anschluss umhüllst du das Moos mit einer Plastiktüte und verschließt diese mit Verschluss-Clips. Achte dabei auf eine kleine Öffnung, über die du das Moos befeuchten kannst. Im Anschluss stellst du die Pflanze an ihren vorherigen Standort und hältst das Moos konstant feucht.

Schritt 3

Auf Wurzeln warten

Nach 2 bis 8 Wochen solltest du durch die Plastiktüte erste Wurzeln erkennen können. Sobald die Tüte gut durchwurzelt ist und die Wurzeln mindestens 5 cm lang sind, entfernst du die Plastiktüte und löst das Moos vorsichtig vom Trieb der Mutterpflanze.

Schritt 4

Ableger schneiden

Trenne nun deinen Ableger mit einem Messer von der Mutterpflanze. Schneide im Idealfall zwischen zwei Knoten. Da die Knoten bei den meisten Anthurien oft sehr dicht beieinander liegen, ist hier Fingerspitzengefühl geboten. Behandle die Schnittstellen mit Zimt. Nun kann dein bewurzelter Ableger einen eigenen Topf erhalten.

Expertentipp von Glenn:

Bei einer Kreuzung kannst du am Namen erkennen, von welcher Pflanze der Samen und von welcher Pflanze die Pollen genommen wurden. So steht nämlich vor dem „X" die Pflanze, von der die Samen herrühren und nach dem „X" die Pflanze, von der die Pollen stammen.

Video zur Vermehrung →

Was passiert nach der Vermehrung?

SUBSTRAT UND TOPF WÄHLEN

Dein *Anthurium forgetii* 'White Stripes' bevorzugt ein sehr durchlässiges Substrat. Hierfür empfehlen wir dir entweder einen luftigen Erdmix (siehe Glossar) in Kombination mit einem Terrakottatopf oder ein grobes mineralisches Substrat (siehe Glossar) in Kombination mit einem Selbstbewässerungssystem. Wähle für deinen Ableger einen maximal 20 cm großen Topf. Im weiteren Verlauf des Pflanzenwachstums kannst du den Topf breiter werden lassen, um das Höhenwachstum deiner Pflanze zu unterstützen, oder die Topfgröße belassen und deiner Pflanze mit einer befüllbaren Rankhilfe zu mehr Stabilität verhelfen.

DER RICHTIGE STANDORT

Übertragen auf dein Zuhause entspricht der natürliche Standort häufig einer fensternahen Stelle mit wenigen Sonnenstunden pro Tag. Meist wäre ein Ost- oder Westfenster bei 19 bis 24 °C ideal. Erste Blütenstände bilden sich bei idealen Bedingungen nach bis zu 12 Monaten. Deine Pflanze freut sich über eine hohe Luftfeuchtigkeit von über 60 %, welche jedoch in deinem Zuhause das Schimmelrisiko steigen lassen würde. Das *Anthurium forgetii* 'White Stripes' ist somit der ideale Kandidat für eine Pflanzenvitrine. Ein Standort außerhalb einer Vitrine ist möglich, wenn du deine Pflanze wöchentlich auf Spinnmilben kontrollierst, um einen möglichen frühen Befall direkt zu behandeln.

ANTHURIEN UND SCHÄDLINGE

Bei geringer Luftfeuchtigkeit von unter 40 % ist ein Befall mit Spinnmilben wahrscheinlich. Behandle hierfür, insbesondere im Winter, deine Pflanze vorsorglich monatlich mit einem schwach dosierten Neemöl-Emulgator-Wasser-Gemisch (siehe Glossar), mit welchem auch ein gering ausgeprägter Befall behandelt werden kann. Im Sommer reicht eine vorsorgliche Behandlung alle 2 Monate. Auch Thripse oder Wollläuse treten häufig auf. Verwende ein entsprechendes Schädlingsbekämpfungsmittel bei einem starken Schädlingsbefall und schneide befallene Blätter und Blütenstände großzügig ab.

Wenig Blätter?

Deine Flamingoblume hat nur wenige Blätter? Damit zeigt dir deine Pflanze, dass die Standortbedingungen nicht ideal sind. Je mehr Blätter deine Pflanze dauerhaft hält, desto besser sind die Bedingungen. Mehr als 5 Blätter an einer Pflanze zeigen dir, dass es deiner Pflanze sehr gut geht.

GIEẞEN UND DÜNGEN

Halte das Substrat immer feucht, nie nass. Wir düngen unsere Pflanzen bei jedem Gießen. Achte bei der Düngung auf die Zeichen deiner Pflanze. Starte mit der Hälfte der empfohlenen Düngermenge, wobei deine neue Pflanze nach dem Umtopfen in einen eigenen Topf 1 Monat lang nicht gedüngt werden muss.

Expertentipp von Annabelle:
Dein *Anthurium* hat wunderschöne Blätter, aber Blütenstände sind dir nicht so wichtig? Schneide entstehende Blütenstände direkt ab, damit die Pflanze ihre Energie nicht in die Ausbildung des Blütenstandes steckt.

Funktioniert auch bei: *Anthurium clarinervium* | *Anthurium andraeanum* | *Anthurium warocqueanum* | *Philodendron* 'Paraiso Verde' | *Monstera deliciosa*

Goeppertia orbifolia

Korbmaranthe

Goeppertia orbifolia

| Teilung

Goeppertia sagt dir nichts, aber das Bild kommt dir irgendwie bekannt vor? Diese Pflanze kennst du vielleicht als *Calathea*. So hieß die Pflanze nämlich lange. Allerdings wurden viele Pflanzen aus der Gattung *Calathea* nun der Gattung *Goeppertia* zugeordnet, was sich Reklassifizierung nennt. Beide Gattungen gehören zur Familie der Pfeilwurzgewächse (Marantaceae). Der neue Name ehrt übrigens den deutschen Botaniker Heinrich Göppert.

Korbmaranthen erkennst du meistens an ihren wunderschönen und sehr dekorativen Blattmusterungen. Ihre Blattzeichnung sieht fast wie gemalt aus und hebt sich meist in Weiß, hellem Gelb oder zartem Rot von dem dunkelgrünen Blattgrund ab. Die Blattstiele und Blattunterseiten der Pflanzen sind manchmal ebenfalls rötlich oder lila gefärbt.

Die Pflanze kommt aus tropischen und regenreichen Gegenden in Ost-Brasilien und lebt dort im schattigen, warmen Unterholz bei hoher Luftfeuchtigkeit. Direkte Sonnenstrahlen erreichen die Blätter der Pflanze selten. In den 1970er und 1980er Jahren wurde die *Goeppertia orbifolia* direkt aus der Wildnis geholt und mithilfe von Gewebekultur massenhaft vermehrt. Seitdem wird sie von vielen Personen wegen ihrer traumhaften Erscheinung geliebt. Eine *Goeppertia* ist dabei eine Pflanze, die nicht wirklich an Standorte in einem Zuhause angepasst ist. Dort, wo die Pflanze herkommt, reichen der dünne Blattstiel und die dünnen Blätter aus, um die Pflanze ausreichend mit Wasser zu versorgen. In einem Zuhause mit einer Luftfeuchtigkeit von unter 40 % ist es jedoch so, als müsste die Pflanze aus einem viel zu kleinen Strohhalm trinken und so werden ihre Blattspitzen schnell braun.

Damit du gleich mehrere Pflanzen hast, um die Pflege der Korbmaranthe zu üben, zeigen wir dir, wie du sie ganz einfach vermehren kannst. So findest du mit mehreren Pflanzen schnell den idealen Standort und kannst dich bei der Pflanzenpflege ganz auf ihre Schönheit konzentrieren. Zusätzlich befinden sich in einem Topf meist mehrere Pflanzen.

Anspruchsvolle Pflanze

Auch wenn die Pflanze inzwischen einen anderen Namen trägt, hat sich an ihren Ansprüchen an die Pflege nichts geändert. Die *Goeppertia* gilt als eine der schwierigsten Zimmerpflanzen und wir finden, dass sich diese Pflanze diesen Titel zu Recht verdient hat.

DU BRAUCHST

- Umtopfmatte
- fließend Wasser
- Zimt
- Sieb
- Töpfe (wir empfehlen Selbstbewässerung)
- Substrat deiner Wahl (mineralisches bei Selbstbewässerung)

Vermehrungsdauer: 1 Stunde
Erfolgsquote: 90 %

SO VERMEHRST DU DIE PFLANZE

Vermehrung durch Teilung

Schritt 1

Erde abwaschen

Hole die Pflanze aus ihrem Topf und befreie sie von ihrer Erde. Lass nun lauwarmes Wasser über die Wurzeln laufen und entferne mit deinen Fingern vorsichtig die restliche Erde. Versuche die Wurzeln so gut es geht von der Erde zu lösen, ohne dabei Wurzeln zu beschädigen. Fange die Erde mit einem Sieb auf, um sie anschließend zu trocknen und wiederzuverwenden. Lässt sich die Erde nur sehr schwer entfernen, kannst du die Wurzeln für einige Minuten in einer Schale mit Wasser einweichen und dann erneut abspülen. Manchmal muss eine Pflanze mehrfach in einer Schale mit Wasser gebadet werden, bis sich die Erde wirklich gut ablösen lässt.

Schritt 2

Pflanze teilen

Nun kannst du die Wurzeln und alle Pflanzen gut sehen und beginnen, deine Pflanze zu vermehren. Suche dir am Rand befindliche Pflanzen und versuche diese behutsam herauszubrechen. Indem du die äußeren Pflanzen leicht seitlich biegst, kannst du schnell feststellen, welche Pflanzen sich gut trennen lassen. Du biegst die Pflanzen so lange, bis das Rhizom bricht und du die Pflanzen ganz leicht trennen kannst. Kraft muss beim Herausbrechen nicht aufgebracht werden. Dies klappt nicht bei allen Pflanzen, da manche noch zu klein oder zu kurz sind. Wir würden dir vom Abschneiden der Stecklinge mit einem Messer abraten, da dies die Wurzeln beschädigen kann.

Schritt 3

Mit Zimt behandeln

Streue Zimt auf die offenen Bruchstellen an der Mutterpflanze und an deinem neuen Ableger und lass die jeweilige Bruchstelle für 5 Minuten trocknen. Nun hast du mindestens zwei Pflanzen, die du in eigenen Töpfen vereinzeln kannst.

Expertentipp von Annabelle:

Du sitzt neben deiner *Goeppertia* und hörst ein Knacken? Das sind die Bewegungen der Blätter! Tagsüber erscheinen die Blätter etwas hängend und sind abends eher aufgerichtet. Damit versucht deine Pflanze mehr Licht einzufangen.

Video zur Vermehrung →

Was passiert nach der Vermehrung?

DAS RICHTIGE SUBSTRAT

Eine *Goeppertia* ist unglaublich durstig und damit deine Pflanze langfristig gesund bleibt, sollte sie niemals austrocknen. Diese Balance zwischen ständiger Wasserverfügbarkeit und gesunden Wurzeln ist der Schlüssel zur idealen Pflege. Die besten Ergebnisse konnten wir bei unseren Pflanzen in mineralischem Substrat mit Selbstbewässerung erzielen. Genau das würden wir dir also für deine Korbmaranthe empfehlen und daher ist es besonders praktisch, dass du bei der Vermehrung bereits die Erde von den Wurzeln abgewaschen hast. Wir empfehlen deine Mutterpflanze und auch die Stecklinge in Selbstbewässerungssysteme zu topfen, die der Größe des vorherigen Topfes entsprechen. Du bedeckst zunächst den Boden des Topfes mit dem mineralischen Substrat, setzt die Pflanze hinein und füllst den restlichen Topf auf.

EINGEWÖHNEN

Halte nach dem Übertragen deiner *Goeppertia* in mineralisches Substrat den Wasserstand für einen Monat immer beim Optimum, also mittig zwischen Minimum und Maximum. So kann sich deine Pflanze immer mit ausreichend Wasser versorgen.

Expertentipp von Glenn:

Es kann sein, dass deine Pflanze direkt nach der Übertragung die Blätter hängen lässt. Du kannst daher für 1 Woche eine lichtdurchlässige Tüte über deine Pflanze stülpen oder sie in eine lichtdurchlässige Box stellen und zusätzlich auf einer Heizmatte platzieren, damit sie schnell wieder fit wird.

GIEẞEN UND DÜNGEN

Gieße deine Pflanze, wenn der Gießanzeiger auf Minimum sinkt. Je voller dein Wasserreservoir gefüllt ist, desto geringer ist die Sauerstoffsättigung im Wasser. Wir würden dir daher immer empfehlen, dein Wasserreservoir bis zur Hälfte zu befüllen, also mittig zwischen Minimum und Maximum. Beginne die Düngung deiner Pflanze 1 Monat nach dem Übertragen in das Selbstbewässerungssystem mit der Hälfte der empfohlenen Düngermenge aufgeteilt auf deine Gießhäufigkeit (siehe Seite 154).

Noch mehr Pflegetipps:

DER RICHTIGE STANDORT

Richtig glücklich ist deine Korbmaranthe an einem Standort ohne Zugluft, mit einer konstant hohen Luftfeuchtigkeit von mindestens 50 bis 60 % und ohne direkte Sonne. Stelle deine Pflanze mit Abstand zu Heizkörpern und so, dass sie auch beim Lüften im Winter keine kalte Luft abbekommt. Sonnenstrahlen sollten maximal für 1 Stunde auf die Blätter fallen. All diese Faktoren könnten die Luftfeuchtigkeit um deine Pflanze senken, worauf sie mit vertrockneten Blättern reagiert. Korbmaranthen sind ideale Pflanzen für Wohnungen mit wenig Sonnenlicht.

Wurzelfäule vermeiden

Wenn es deiner Korbmaranthe nicht gutgeht, ist die häufigste Ursache Wurzelfäule. Die Erde ist dann häufig zu fein und die Wassergaben zu großzügig.

BELIEBT BEI SCHÄDLINGEN

Deine *Goeppertia* gilt als anfällig für Schädlinge, insbesondere Spinnmilben und Thripse. Untersuche deine Pflanze mindestens wöchentlich am Blattansatz und auf der Blattrückseite. Schneide bei einem Befall alle betroffenen Blätter ab und behandle die Pflanze gegen den entsprechenden Schädling.

Expertentipp von Annabelle:

Um Schädlingen vorzubeugen, besprühen wir unsere Pflanzen einmal im Monat mit einem Neemöl-Emulgator-Wasser-Gemisch (siehe Glossar). Vermeide es ansonsten, deine Pflanze mit Wasser zu besprühen, da dies Krankheiten einen Nährboden bieten kann.

Funktioniert auch bei: *Goeppertia ornata* | *Spathiphyllum wallisii* | *Zingiber malaysianum* | *Dracaena trifasciata* | *Zamioculcas zamiifolia*

Häufig gestellte Fragen

Hier findest du Antworten auf die ein oder andere Frage, die uns bereits häufig aus der Community erreicht hat und die auch du dir vielleicht beim Vermehren von Pflanzen schon gestellt hast.

Wie lang sollten die Wurzeln meines Stecklings sein, damit ich ihn eintopfen kann?

Wir empfehlen eine Wurzellänge von 5 bis 10 cm. Idealerweise wartest du, bis die Wurzeln anfangen, sich zu verzweigen. Ausreichend lange Wurzeln erleichtern deinem Steckling den Umzug in einen eigenen Topf.

Kann ich das ganze Jahr Stecklinge schneiden?

Sofern du ideale Bedingungen, also eine ausreichende Temperatur und Licht zur Verfügung stellst, ist das überhaupt kein Problem. Ein künstliches Wohlfühlklima erreichst du durch die Nutzung von Heizmatten, Zusatzbeleuchtung, Kisten, Vitrinen oder Pflanzenzelten. Ohne dieses Wohlfühlklima kannst du deine Pflanzen entspannt von April bis September vermehren.

Kann ich einen Steckling falsch herum bewurzeln?

Tatsächlich ja. Wenn du deinen Steckling verkehrt herum bewurzelst, wirkt sich das negativ auf den Hormonhaushalt der Pflanze und das Wurzelwachstum aus. Wenn du dir also nicht mehr sicher bist, welche Schnittstelle wurzelnah und welche wurzelfern war, dann leg den Steckling lieber hin, statt ihn falsch herum einzupflanzen.

Wann weiß ich, dass meine Zimmerpflanze umgetopft werden muss?

Oft wird viel zu früh oder viel zu oft umgetopft. Wir persönlich topfen um, wenn die Erde der Pflanze nicht zu den Anforderungen der Art passt, die Pflanze ständig gewässert werden muss, weil sich nur noch Wurzeln im Topf befinden, die Pflanze nicht mehr stabil genug ist, weil sie umzufallen droht und mehr Halt benötigt, oder die Pflanze nicht mehr wächst. Bei rankenden Pflanzen topfen wir auch manchmal um, um einen Rankstab nachträglich hinzuzufügen. Wenn eine dieser Situationen eintritt, dann weißt du, dass du spätestens jetzt die Pflanze umtopfen solltest.

Welche Topfgröße ist die richtige?

Je nachdem, welche Ziele du erreichen möchtest und um welche Pflanze es sich handelt, kann die Antwort stark abweichen. Kenne deine Pflanze, deren Bedingungen und dein Ziel und fast alles ist möglich. In kleineren Töpfen gibt es oft mehr oberes Pflanzenwachstum, denn Pflanzen müssen weniger Zeit in die Wurzelbildung stecken. Großwachsende Pflanzen benötigen häufig größere Töpfe, um ausreichend Stabilität zu erhalten. Eine kriechende Pflanze braucht häufig einen langen Topf. Manche Pflanzen bilden tiefe Wurzeln, manche bleiben eher flach. Eine allgemeingültige, richtige Topfgröße gibt es somit nicht.

Kann ich mehrere Pflanzen zusammen in einen Topf setzen?

Sofern die Ansprüche der Pflanzen übereinstimmen, die du in einem Topf kombinieren möchtest, kannst du mehrere Pflanzen zusammen pflanzen. In dem Topf einer gekauften Pflanze befinden sich auch oft bereits mehrere Pflanzen, damit sie insgesamt voller erscheint. Besonders ansprechend finden wir es, wenn Pflanzen mit unterschiedlichen Wuchshöhen in einem Topf arrangiert werden. Achte darauf, dass ein Topf mit mehreren Pflanzen jeder Pflanze ausreichend Platz bietet.

Worauf muss ich achten, damit Stecklinge schnell wachsen und gedeihen?

Dein Ableger wird zunächst den Topf bewurzeln, um sein Überleben zu gewährleisten. Wenn du einen deutlich zu großen Topf wählst, kann das dafür sorgen, dass du auf oberes Wachstum (zum Beispiel Blätter) geduldig warten musst. Wir setzen Stecklinge daher zum Bewurzeln zunächst in relativ kleine Töpfe, damit die Stecklinge den Topf schnell vollständig bewurzelt haben.

Warum muss ich meine Pflanze ans Sonnenlicht gewöhnen?

Im Sommer kannst du viele deiner Pflanzen auch nach draußen stellen. Deine Pflanze muss sich jedoch erst einmal an die Sonne gewöhnen, denn Pflanzen verlieren in deinem Zuhause ihren Schutz vor Sonnenstrahlen und können dann einen Sonnenbrand bekommen. Durch eine langsame Gewöhnung an das Sonnenlicht baut sich der Sonnenschutz wieder auf. An Tag 1 stellst du deine Pflanze für 30 Minuten nach draußen. Für die nächsten 2 Wochen verlängerst du diese Zeit im Freien täglich um weitere 30 Minuten. Alternativ kannst du die Pflanze auch schattig (zum Beispiel unter einer anderen Pflanze) platzieren, sodass sie keine direkten Sonnenstrahlen abbekommt. Ab der zweiten Woche im Freien ist deine Pflanze meist an das Sonnenlicht angepasst.

Kann Neemöl die Blätter zerstören?

Ja, das kann passieren, ist aber eher selten. Jedes Mittel hat Vor- und Nachteile. Manche Mittel können Resistenzen verursachen, andere das Wachstum einschränken oder auch Blätter absterben lassen. Wir versuchen immer abzuschätzen, was schlimmer ist. Können wir auf ein Blatt verzichten, haben dafür aber eine Pflanze ohne Schädlinge? Bei einer gesunden Pflanze mit ausreichend Wachstum gleicht sich das fehlende Blatt mit neuem Wachstum aus. Je nach Gattung solltest du unbedingt die Dosierung anpassen.

Was mache ich mit gelben Blättern – abschneiden oder dranlassen?

Frage dich, warum ist das Blatt gelb geworden? Wenn du einen Schädlingsbefall ausschließen kannst, lass das gelbe Blatt an der Pflanze, bis es von selbst abfällt oder leicht abzuziehen ist. Das Blatt spendet bis dahin der Pflanze noch wertvolle Nährstoffe. Wenn ein Schädlingsbefall die Ursache sein sollte, schneidest du das Blatt ab und behandelst die Pflanze gegen den entsprechenden Schädling.

Wann empfehlt ihr ein organisches oder mineralisches Substrat?

Beide Substrate haben ihre Vor- und Nachteile und werden in der richtigen Anwendung den Bedürfnissen deiner Pflanzen gerecht. Es geht eher darum, was gut zu dir und deinem Zuhause passt, so dass du dich optimal um die Pflanzen kümmern kannst. Ab einer bestimmten Anzahl von Pflanzen ergeben Selbstbewässerungssysteme mit mineralischen Substraten aus unserer Sicht super viel Sinn. Wenn du allerdings nur wenige Pflanzen hast, oder Selbstbewässerungssysteme dir zu aufwendig erscheinen, würden wir organische Substrate wählen, die den Bedürfnissen deiner Pflanzen entsprechen. Bei sukkulenten Pflanzen verwenden wir hingegen ausschließlich mineralische Substrate.

Was mache ich, wenn mein Steckling alle Blätter hängen lässt?

Schau dir die Wurzeln deines Stecklings genau an. Meist ist Wurzelfäule der Grund, warum dein Steckling kein Wasser aufnehmen kann und die Blätter hängen lässt. Es kann jedoch auch sein, dass dein Steckling im Verhältnis zu den Wurzeln zu viele oder zu große Blätter hat und diese dann nicht ausreichend versorgen kann.

Woher weiß ich, wie viel ich düngen muss?

Wir düngen bei jedem Gießen und empfehlen Personen, die gerade erst mit der Düngung ihrer Zimmerpflanzen beginnen, sich an der Hälfte der empfohlenen Düngermenge zu orientieren und diese auf die Gießhäufigkeit aufzuteilen. Wenn ein Hersteller also 20 ml Dünger auf 1 Liter Wasser pro Monat empfiehlt, gehen wir von 10 ml pro Monat aus. Da wir einmal pro Woche gießen, teilen wir das Ganze durch vier. Wir fügen unserem Gießwasser in diesem Beispiel also wöchentlich jeweils 2,5 ml Dünger hinzu.

Die Blätter bei meiner Pflanze werden braun, was kann ich tun?

Braune Blätter können auf verschiedene Probleme hinweisen, zum Beispiel: unzureichende Luftfeuchtigkeit, Wassermangel, zu viel direkte Sonneneinstrahlung. Überprüfe die Standortbedingungen, stelle sicher, dass deine Pflanze nicht unter Stress steht, und beobachte die Situation weiterhin. So kannst du nach und nach bestimmte Pflegefehler ausschließen und beheben.

Muss ich auch im Winter düngen?

Pflanzen benötigen zu jeder Jahreszeit Nährstoffe. Stell dir das so vor: Im Sommer wächst die Pflanze oben und im Winter verankert sich die Pflanze unten wieder mit ihren Wurzeln und sorgt so für Stabilität, um dann im Sommer wieder zu wachsen. Außerdem wird es in deinem Zuhause wahrscheinlich gar nicht so kalt. Abhängig von deinen Bedingungen kann eine Pflanze mehr oder weniger Nährstoffe benötigen. Je idealer die Voraussetzungen sind, desto mehr Nährstoffe hätte deine Pflanze gern.

Braucht mein Topf immer ein Loch?

Dein Pflanztopf sollte immer mindestens ein Loch haben, damit überschüssiges Wasser ablaufen kann. Wenn das Wasser nicht ablaufen kann, steigt das Risiko für Wurzelfäule. Wähle also entweder einen Innentopf mit Loch und einen Übertopf ohne Loch; oder einen Topf mit Loch und Untersetzer.

Woher weiß ich, welches Substrat das richtige für meine Pflanze ist?

Schau dir an, woher deine Pflanze kommt und worin die Pflanze in ihrer natürlichen Umgebung wächst. Die überträgst du dann auf deine Pflanze bei dir Zuhause und versuchst die Anforderungen an das Substrat so gut es geht nachzuahmen. Im Anschluss überprüfst du, welche Pflege du ermöglichen kannst und findest einen Kompromiss zwischen dem, was du der Pflanze bieten kannst und dem, was die Pflanze benötigt.

Brauche ich Pflanzenlampen für meine Pflanzen?

Das kommt ganz auf dein Zuhause an. Wenn du zu jeder Jahreszeit ausreichend Licht hast, kannst du auf eine Pflanzenlampe verzichten. Wenn du deine Pflanzen in dunkle Ecken oder Räume ohne Fenster stellen möchtest, dann brauchst du eine Pflanzenlampe, damit sich deine Pflanze wohlfühlt. Gleiches gilt, um deine Pflanzen gesund durch lichtarme Jahreszeiten zu bringen.

Sollte ich meine Pflanzen regelmäßig abduschen?

Nein. Durch das Abduschen kann die Photosynthese eingeschränkt werden. Weniger Photosynthese bedeutet weniger Energie und somit auch weniger Wachstum. Frag dich, was du mit dem Abduschen erreichen möchtest und dusche deine Pflanze so selten wie möglich ab. Wenn deine Pflanze zugestaubt ist, verwende lieber einen trockenen Lappen oder einen Staubwedel, um sie von dem überschüssigen Staub zu befreien.

Hilft Einsprühen für eine höhere Luftfeuchtigkeit?

Noch mehr Pflegetipps:

Einsprühen erhöht die Luftfeuchtigkeit leider nicht nachhaltig. Du erhöhst damit jedoch das Risiko für Schädlinge und Krankheiten. Wasser ist ein super Überträger von Bakterien, Pilzen und auch Viren und eine feuchte Oberfläche bietet ein ideales Nährmedium. In geringer Stückzahl sind Bakterien, Pilze und Viren immer auf einem Blatt vorhanden, aber wenn Blätter häufig zu lange zu nass sind, beginnen sich die Probleme zu vermehren und auch zu verbreiten.

Register

DIE IM BUCH BESCHRIEBENEN VERMEHRUNGSMETHODEN FUNKTIONIEREN AUCH BEI:

FACHBEGRIFFE UND AUSFÜHRLICH BESCHRIEBENE PFLANZEN:

Über die AutorInnen

Annabelle und Glenn sind zwei leidenschaftliche Pflanzenenthusiasten und preisgekrönte Content Creator im Bereich Zimmerpflanzen. Aus dem Wunsch, die Entwicklung von Pflanzen zu dokumentieren, ist mit der Zeit eine ganze Community gewachsen. Als Crazyplantboy teilen sie ihre Liebe zu Pflanzen mit einer stetig wachsenden Community und nehmen diese bei spannenden Pflanzenprojekten auf Instagram, YouTube und TikTok mit. Auf ihrem YouTube-Kanal zeigen sie wöchentlich, wie Glenn seine eigenen Substrate mischt, geben Tipps zur Vermehrung und räumen mit Mythen der Pflanzenpflege auf. Ihre Themen sind seltene Pflanzen, Pflanzenvermehrung, mineralische Substrate, optimale Erdmischungen, Düngung, Schädlingsbekämpfung, Selbstbewässerung, ihre Pflanzensammlung und vieles mehr.

Danke

Am 31. Januar 2023 erschien auf dem Laptop die Mitteilung zu einer neuen E-Mail mit dem Betreff „Autorenanfrage für Glenn :-)“ und jetzt hältst du tatsächlich dieses Buch in den Händen. Während wir diese letzten Zeilen tippen und versuchen ein weiteres Mal nicht die Zeichenvorgaben zu sprengen, sind wir einfach unglaublich dankbar.

Unser größter Dank gilt unserer Community, die uns täglich inspiriert – ohne dich wäre das alles nicht möglich. Danke, dass du unser Buch bis hierhin gelesen hast, unsere Videos schaust, deine Fragen in den Kommentaren stellst und uns deinen Lieblingsmenschen weiterempfiehlst.

Danke an unseren Verlag Eugen Ulmer und insbesondere an Saskia, die mit uns Kontakt aufgenommen und den Traum eines eigenen Buches mit uns verwirklicht hat. Danke, dass du unsere sprudelnden Ideen unterstützt hast und uns stets mit Rat und Tat zur Seite standest.

Danke an Anna und Robin und all unsere anderen Lieblingsmenschen, die uns während der Entstehung dieses Buches den Rücken freigehalten und auf gemeinsame Zeit verzichtet haben, denn in den letzten Monaten saßen wir einen Großteil der Zeit nur noch vor dem Laptop oder telefonierten rund um die Uhr, um uns abzustimmen. Danke für eure Unterstützung und dass ihr immer an uns glaubt.

Danke auch an Erika und Marie, denn erst ihr habt die Leidenschaft für Pflanzen in uns überhaupt erblühen lassen. Wie gern würden wir mit euch durch dieses Buch blättern.

Und wir möchten auch Ellen und Adrian von Plantaddiction danken, die die Bebilderung dieses Buches ermöglicht haben, indem sie uns für dieses Buch mit wunderschönen Pflanzen ausgestattet haben. Falls du auf der Suche nach einer Pflanze aus diesem Buch bist, schau auf jeden Fall mal im Online-Shop von Plantaddiction vorbei.

Zu guter Letzt möchten wir auch unseren Pflanzen danken, die es uns verziehen haben, dass wir sie in der Zeit des Schreibens etwas vernachlässigt haben; die stets alle Versuche, Tests und Spielereien mitmachen und uns jeden Tag ein Lächeln ins Gesicht zaubern.

In diesem Sinne – wir müssen jetzt erstmal gießen.

BILDNACHWEIS

Alle Bilder stammen von den AutorInnen.
Portraits der AutorInnen von Sara De Melo Teixeira, aufgenommen im Botanischen Garten Berlin.
Symbole: Nadiinko / Shutterstock.com

IMPRESSUM

Die in diesem Buch enthaltenen Empfehlungen und Angaben sind von den AutorInnen mit größter Sorgfalt zusammengestellt und geprüft worden. Eine Garantie für die Richtigkeit der Angaben kann aber nicht gegeben werden. AutorInnen und Verlag übernehmen keine Haftung für Schäden und Unfälle. Bitte setze bei der Anwendung der in diesem Buch enthaltenen Empfehlungen dein persönliches Urteilsvermögen ein.
Der Verlag Eugen Ulmer ist nicht verantwortlich für die Inhalte der im Buch genannten Websites.

Anmerkung zur Schreibweise (Gendering): Gendergerechtigkeit und Inklusion sind bei uns gelebte Praxis – bei der Auswahl unserer Themen, bei der Recherchearbeit, in der Gestaltung. Unsere Texte meinen alle. Damit unsere Inhalte jedoch gut lesbar bleiben, verzichten wir in diesem Werk auf die jeweilige Mehrfachnennung oder Anpassung der Schreibweise bestimmter Bezeichnungen an die weibliche, männliche oder diverse Form.

Bibliografische Information der Deutschen Nationalbibliothek
Die Deutsche Nationalbibliothek verzeichnet diese Publikation in der Deutschen Nationalbibliografie; detaillierte bibliografische Daten sind im Internet über http://dnb.d-nb.de abrufbar.

Wollgrasweg 41, 70599 Stuttgart (Hohenheim)
E-Mail: info@ulmer.de
Internet: www.ulmer.de

Projektleitung: Saskia Hoen
Lektorat: Sabine Drobik
Herstellung: Stephanie Haun
Umschlaggestaltung: Michaela Mayländer, Stuttgart, www.sistermic.de
Satz: Antje Warnecke, nordendesign.de
Reproduktion: time:ray, Jettingen
Druck und Bindung: FINIDR
Printed in Czech Republic

MIX
Papier aus verantwortungsvollen Quellen
FSC® C014138

ISBN 978-3-8186-2256-5